# स्वामी विवेकानंद
## के जीवन की कहानियाँ

# स्वामी विवेकानंद के जीवन की कहानियाँ

मुकेश 'नादान'

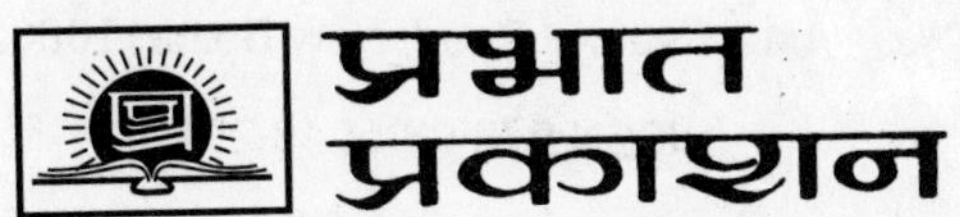

*प्रकाशक*
**प्रभात प्रकाशन प्रा. लि.**
4/19 आसफ अली रोड, नई दिल्ली–110002
फोन : 23289777 • हेल्पलाइन नं. : 7827007777
इ–मेल : prabhatbooks@gmail.com ❖ वेब ठिकाना : www.prabhatbooks.com

*संस्करण*
2023



*पेपरबैक मूल्य*
तीन सौ रुपए

*मुद्रक*
नरुला प्रिंटर्स, दिल्ली

★

**SWAMI VIVEKANAND KE JEEVAN KI KAHANIYAN**
*by* Shri Mukesh 'Nadan'

Published by **PRABHAT PRAKASHAN PVT. LTD.**
4/19 Asaf Ali Road, New Delhi-110002

ISBN 978-93-5048-297-1

₹ 300.00 (PB)

## अपनी बात

भारत की पावन भूमि पर अनेक संत-महात्मा और ऋषि-मुनियों ने जन्म लिया। उनके द्वारा दिए गए सत्य, प्रेम, त्याग और मानवता के संदेशों से संपूर्ण विश्व ने प्रेरणा ली है। ऐसे ही एक तपस्वी, ज्ञानी भारत के गौरव का प्रतीक एक महान् विभूति ने 12 जनवरी, 1863 को कलकत्ता (कोलकाता) महानगरी के कुलीन सुसंस्कृत दत्त परिवार में जन्म लिया, जिसका नाम था-स्वामी विवेकानंद।

स्वामी विवेकानंद के पिता श्री विश्वनाथ दत्त कलकत्ता (कोलकाता) हाईकोर्ट के वकील थे और माता भुवनेश्वरी देवी भगवान् शिव की अनन्य भक्त थीं। विवेकानंद की माता ने इनका नाम वीरेश्वर रखा था। वे इन्हें प्यार से 'विले' कहकर पुकारती थीं। 'विले' का जब 'अन्नप्रासन संस्कार हुआ तो इनका नाम नरेंद्रनाथ रख दिया गया।

नरेंद्रनाथ बाल्यावस्था से ही बड़े नटखट और जिज्ञासु प्रवृत्ति के थे। श्रीरामकृष्ण परमहंस नरेंद्र से बहुत स्नेह करते थे। नरेंद्र ने भी उन्हें अपना गुरु मान लिया था। सन् 1885 में परमहंस को गले का घातक कैंसर हो गया। अतः गुरु की सेवा के लिए नरेंद्र अपना अध्यापन कार्य छोड़कर उनके पास आ गए।

नरेंद्र अर्थात् स्वामी विवेकानंद ने हिमालय से लेकर कन्याकुमारी तक पूरे देश का भ्रमण किया। अनेक स्थानों पर उन्होंने अपने व्याख्यानों से युवाओं को प्रभावित ही नहीं किया अपितु उन्हें एक नई दिशा भी दिखाई। यहाँ तक कि उन्होंने राजा-महाराजा और नवाबों को उपदेश दिए। 11 सितंबर, 1893 को शिकागो में सर्वधर्म सम्मेलन हुआ। इसमें उनके द्वारा दिए गए भाषण ने पूरे विश्व में तहलका मचा दिया। इसके पश्चात् स्वामीजी ने अनेक देशों का भ्रमण किया तथा उपदेश दिए।

4 जुलाई, 1902 को जन-जन के बीच मानवता और प्रेम का संदेश

फैलाने वाला महानायक जीवन की अंतिम महायात्रा पर निकल पड़ा।

स्वामी विवेकानंद के जीवन की अनेक घटनाओं का वर्णन उनके जीवन पर आधारित विभिन्न पुस्तकों में मिलता है, जिन्हें हमने कहानियों के रूप में प्रस्तुत करने का प्रयास किया है। हमें आशा ही नहीं पूर्ण विश्वास है कि स्वामी विवेकानंद के जीवन पर आधारित ये प्रेरक कहानियाँ अवश्य ही पाठकों के जीवन को एक नई दिशा देंगी।

पुस्तक में स्वामी विवेकानंद के जीवन पर आधारित कहानियों को संगृहीत करने के लिए अनेक पुस्तकों, पत्र-पत्रिकाओं का सहयोग लिया गया है। हम इन सभी पुस्तकों, पत्र-पत्रिकाओं के संपादक, लेखक एवं प्रकाशकों के हमेशा आभारी रहेंगे।

**–मुकेश 'नादान'**

# अनुक्रमणिका

# विवेकानंद का जन्म

इस संसार में समय-समय पर अनेक महापुरुषों ने जन्म लिया। इन महापुरुषों में स्वामी विवेकानंद का नाम अग्रिम पंक्ति में लिया जाता है। अपने अनेक सामाजिक कार्यों एवं शिक्षा के क्षेत्र में अद्वितीय योगदान के कारण आज स्वामी विवेकानंद संपूर्ण विश्व में उच्च स्थान रखते हैं।

12 जनवरी, 1863 को प्रातःकाल में इस महापुरुष ने भारत की पावन धरती पर जन्म लिया। इस समय भारत में ब्रिटिश शासकों की हुकूमत थी और यहाँ के निवासी उनकी गुलामी के लिए मजबूर थे।

कलकत्ता (वर्तमान में कोलकाता) में कायस्थ वंश के दत्त परिवारों में इनका परिवार अत्यंत समृद्ध था। इनके परदादा श्री राममोहन दत्त कलकत्ता हाई कोर्ट के प्रसिद्ध वकील थे। श्री राममोहन के इकलौते पुत्र दुर्गाचरण भी अच्छे वकील थे, किंतु दुर्गाचरण धनलोलुप न होकर धर्मानुरागी थे। उन्होंने केवल पच्चीस वर्ष की आयु में संन्यास लेकर घर का त्याग कर दिया था, तब उनकी पत्नी की गोद में उनके एकमात्र पुत्र विश्वनाथ थे। उन्होंने भी वयस्क होकर वकालत का पैतृक धंधा अपनाया, लेकिन पारिवारिक परंपरा के अनुसार शास्त्र-चर्चा तथा अध्ययन के प्रति उनका विशेष अनुराग था। इन्हीं विश्वनाथ की पत्नी भुवनेश्वरी देवी ने स्वामी विवेकानंद जैसे महान् पुत्र को जन्म दिया।

इनके बचपन का नाम नरेंद्रनाथ था, किंतु इनकी माँ इन्हें 'वीरेश्वर' कहकर बुलाती थीं।

नरेंद्र के जन्म से पूर्व भुवनेश्वरी देवी ने दो पुत्रियों को जन्म दिया था। बेटे का मुँह देखने की उनके मन में बहुत अभिलाषा थी। पुत्र-कामना से वे एक दिन इतनी ध्यानमग्न हुईं कि उन्होंने साक्षात् महादेव के दर्शन किए। उन्होंने देखा, भगवान् शिव शिशु के रूप में उनकी गोद में आ बैठे हैं। स्वामी विवेकानंद के पैदा होने पर उन्हें यह

विश्वास हो गया कि उनका बेटा शिव की कृपा से ही हुआ है। घर–परिवार में स्वामीजी को 'विले' नाम से पुकारा जाता था। नरेंद्र के बाद उनके दो भाई तथा दो बहनें और हुए।

भुवनेश्वरी देवी एक धर्मपरायण महिला थीं, जबकि विश्वनाथ दत्त में धार्मिक कट्टरता लेशमात्र भी नहीं थी। नरेंद्र का स्वभाव भी ऐसा ही था।

नरेंद्र बचपन से ही घर में माने होनेवाले लोकाचार तथा देशाचार के नियमों को नहीं मानते थे। इस कारण उन्हें माँ की बहुत डाँट खानी पड़ती थी। नरेंद्र का बाल मस्तिष्क यह समझ पाने में असमर्थ था कि आखिर भात की थाली छूकर बदन पर हाथ लगाने से क्या होता है? बाएँ हाथ से गिलास उठाकर पानी क्यों नहीं पीना चाहिए? या ऐसा करने पर हाथ क्यों धोना पड़ता है?

जब कभी नरेंद्र अपने मस्तिष्क में उठते प्रश्नों के उत्तर अपनी माँ से जानना चाहते, तो वे संतोषजनक जवाब नहीं दे पाती थीं। ऐसे में नरेंद्र लोकाचारों का उल्लंघन करके देखते कि आखिर इससे क्या होता है? ❑

# भविष्यवाणी

यह घटना सन् 1877 की है, जब नरेंद्र अपने पिता के पास रायपुर चले आए थे। इस समय नरेंद्र पेट की बीमारी से पीड़ित थे।

उन दिनों रायपुर में कोई शिक्षा सदन नहीं था, जिस कारण विश्वनाथ स्वयं अपने पुत्र को पढ़ाते थे। वहाँ रहकर नरेंद्र के स्वास्थ्य में सुधार होने लगा था।

नरेंद्र के चरित्र का वास्तविक निर्माण रायपुर में हुआ। विश्वनाथ उन दिनों अवकाश पर थे, अतः अपने पुत्र को पूरा समय दे पाते थे। पाठ्य-पुस्तकों के अतिरिक्त नरेंद्र ने इतिहास, दर्शन तथा साहित्य संबंधी पुस्तकों को भी पढ़ना शुरू कर दिया था। उनकी स्मरणशक्ति तो तीव्र थी ही, उन्होंने शीघ्र ही बँगला साहित्य भी पढ़ लिया था। विश्वनाथ अपने पुत्र की इस विशेषता पर बड़े अचंभित होते थे।

उनके घर नित्य रायपुर के ज्ञानी-गुणी व्यक्तियों का ताँता लगा रहता था, जिनके साथ विश्वनाथ साहित्य, दर्शन आदि विभिन्न विषयों पर चर्चा करते रहते थे। उस समय अधिकांशतः नरेंद्र भी पिता के साथ उपस्थित रहते थे और वाद-विवाद ध्यान से सुनते थे। कभी-कभी पिता के प्रोत्साहन पर नरेंद्र भी इस चर्चाओं में भाग लेते थे। उनके विचार सुनकर उपस्थित जन मुग्ध हो उठते थे।

विश्वनाथ के एक मित्र बंग साहित्य के प्रसिद्ध लेखक थे। एक दिन वे साहित्य पर वाद-विवाद करने लगे, तो उन्होंने नरेंद्र को भी इस चर्चा में बुला लिया। नरेंद्र ने जब बंग साहित्य पर उनसे चर्चा आरंभ की और प्रसिद्ध लेखकों की तर्कसंगत आलोचना की, तो वे चकित रह गए और बोले, "तुम अवश्य ही बंग भाषा को गौरवान्वित करोगे।"

उनकी यह भविष्यवाणी आगे चलकर सत्य सिद्ध हुई।

नरेंद्र के किशोर मन पर अपने पिता के व्यक्तित्व का गंभीर प्रभाव

पड़ा। विश्वनाथ नरेंद्र की उद्दंडता पर उन्हें कभी डाँटते नहीं थे, बल्कि प्रेम से समझाकर उन्हें सुधारने का प्रयास करते थे।

नरेंद्र के पिता की इच्छा थी कि नरेंद्र की प्रतिभा का पूर्ण विकास हो और वह मात्र शिक्षा सदन के अध्ययन तक ही सीमित न रहे।

विश्वनाथ की ज्ञान-गरिमा, उदारता तथा दूसरों के दुःख में दुःखी हो उठना, इन सभी बातों ने नरेंद्र पर गहरा प्रभाव डाला था।

दो वर्ष रायपुर में रहकर नरेंद्र जब वापस आए, तो उनमें शारीरिक तथा मानसिक रूप से बहुत परिवर्तन आ चुका था। उनका पुनः मेट्रोपोलिटन में दाखिला हुआ, तब उन्होंने नौवीं और दसवीं कक्षा की एक वर्ष में ही तैयारी की। यही नहीं, दोनों कक्षाओं की परीक्षा में उन्होंने प्रथम श्रेणी प्राप्त की। इससे न सिर्फ उनके कुटुंबीजन बल्कि अध्यापक भी बहुत प्रसन्न हुए।

❑

# नानी का घर

नरेंद्र का शरीर इतना हृष्ट-पुष्ट था कि वे सोलह वर्ष की आयु में बीस वर्ष के लगते थे। इसका कारण था नियमित रूप से व्यायाम करना। वे कुश्ती का भी अभ्यास करते थे।

शिमला मोहल्ला में कार्नवालिस स्ट्रीट के निकट एक अखाड़ा था, जिनकी स्थापना हिंदू मेले के प्रवर्तक नवगोपाल मित्र ने की थी। वहीं नरेंद्र अपने मित्रों के साथ व्यायाम करते थे। सर्वप्रथम मुक्केबाजी में उन्होंने चाँदी की तिली पुरस्कार के रूप में जीती थी। उस दौर में वे क्रिकेट के भी अच्छे खिलाड़ी थे। इसके अतिरिक्त उन्हें घुड़सवारी का भी शौक था। उनके इस शौक को पूरा करने के लिए विश्वनाथजी ने उन्हें एक घोड़ा खरीदकर दिया था।

नरेंद्र की संगीत में विशेष रुचि थी। उनके संगीत शिक्षक उस्ताद बनी और उस्ताद कांसी घोषाल थे। पखावज और तबला बजाना उन्होंने अपने इन्हीं उस्तादों से सीखा।

उनमें एक अच्छे वक्ता के गुण भी मौजूद थे। जब मेट्रोपोलिटन इंस्टीट्यूट के एक शिक्षक अवकाश ग्रहण करने वाले थे, तब स्कूल के वार्षिक पुरस्कार वितरण समारोह वाले दिन ही नरेंद्र ने उनके अभिनंदन समारोह का आयोजन किया। उनके सहपाठियों में से किसी में इतना साहस न हुआ कि कोई सभा को संबोधित करता। उस समय नरेंद्र ने आधे घंटे तक अपने शिक्षक के गुणों की व्याख्या की और उनके विछोह से उत्पन्न दुःख का भी वर्णन किया। उनकी मधुर व तर्कसंगत वाणी ने सभी को अपने आकर्षण में बाँध लिया था।

मैट्रिक पास करने के बाद नरेंद्र ने जनरल असेंबली कॉलेज में प्रवेश लिया और एफ.ए. की पढ़ाई करने लगे। उस समय उनकी आयु अठारह वर्ष थी। उनकी तीव्र बुद्धि तथा आकर्षक व्यक्तित्व ने अन्य

छात्रों को ही नहीं, बल्कि अध्यापकों को भी आकर्षित किया। जल्द ही वहाँ उनके कई मित्र बन गए।

कॉलेज में उनके विषय में उनके एक मित्र प्रियनाथ सिंह ने अपने संस्मरण में लिखा था–

"नरेंद्र छेदो तालाब के निकट जनरल असेंबली कॉलेज में पढ़ते हैं। उन्होंने एफ.ए. वहीं से पास किया। उनमें असंख्य गुण हैं, जिसके कारण कई छात्र उनसे अत्यंत प्रभावित हैं। उनका गाना सुनकर वे आनंदमय हो उठते हैं, इसलिए अवकाश पाते ही नरेंद्र के घर जा पहुँचते हैं। जब नरेंद्र तर्कयुक्ति या गाना-बजाना आरंभ करते, तो समय कैसे बीत जाता है, साथी समझ ही नहीं पाते। इन दिनों नरेंद्र अपनी नानी के घर में रहकर अध्ययन करते हैं। नानी का घर उनके घर की निकटवर्ती गली में है। वह अपने पिता के घर केवल दो बार भोजन करने जाते हैं।"

नानी का घर बहुत छोटा था। नरेंद्र ने उसका नाम तंग रखा था। वे अपने मित्रों से कहते थे, "चलो तंग में चलें।" उन्हें एकांतवास बहुत पसंद था।

नरेंद्र में गंभीर चिंतन-शक्ति और तीक्ष्ण बुद्धि थी, जिसके बल पर वह सभी विषय बहुत थोड़े समय में सीख लेते थे। उनके लिए पाठ्य-पुस्तकें परीक्षा पास करने का साधन मात्र थीं। वह इतिहास, साहित्य और दर्शन की अधिकांश पुस्तकें पढ़ चुके थे, जिनसे उन्होंने अपने हृदय में ज्ञान का अपार भंडार संगृहीत कर लिया था।

❑

# पढ़ने का अलग ढंग

यह कथा उस समय की है जब नरेंद्रनाथ विद्यालय के लिए पाठशाला में भरती हुए थे। पाठशाला जाने के पहले दत्त-वंश के कुल पुरोहित ने आकर रामखड़ी (लाल रंग की खिल्ली) का चित्र बनाकर नरेंद्र को सिखाया—यह 'क' है, यह 'ख' है। नरेंद्र ने भी कहा, यह 'क' है, यह 'ख' है। इसके बाद धोती पहनकर सरकंडे की कलम लेकर वे पाठशाला गए। किंतु विद्यालय तो एक अपूर्व स्थान होता है। वहाँ अनचाहे, अनजाने, विभिन्न सामाजिक स्तरों के कितने ही लड़के इकट्ठे होते हैं। उनकी बातचीत, बोल-चाल भी सब नए ढंग के होते हैं। इसके फलस्वरूप दो-चार दिनों के भीतर ही शब्दकोश से बाहर के कई शब्दों को नरेंद्र ने सीख लिया।

जब उनके माता-पिता को इसका पता चला तो उन्होंने नरेंद्र को उस विद्यालय में रखना उचित नहीं समझा। उन्होंने घर पर ही अपने पूजाघर में एक छोटी सी पाठशाला खोलकर वहाँ गुरुजी के हाथों अपने पुत्र को समर्पित कर दिया। बाहर की पाठशाला में नए संगियों को पाकर नरेंद्र को जो आनंद प्राप्त हुआ था, उसकी कमी भी यहाँ बहुत कुछ पूरी हो गई; क्योंकि इस नई पाठशाला में कई आत्मीय लड़के भी आ गए थे। नरेंद्र ने तब छठे वर्ष में प्रवेश किया था। इस तरह विद्यालय की शिक्षा शुरू होने पर भी माँ के निकट नरेंद्र जो ज्ञान प्राप्त कर रहे थे, वह बंद नहीं हुआ और पुस्तकीय विद्या के हिसाब से बँगला वर्ण परिचय सरकार की अँगरेजी फर्स्ट बुक को उन्होंने माँ से ही पढ़ लिया था।

नरेंद्रनाथ के पढ़ने का एक अपना ही ढंग था। अध्यापक महोदय बगल में बैठकर नित्य पाठ पढ़ा जाते और नरेंद्र आँखें मूँदकर सोए-सोए उसे सुनते। इतने से ही उनको दैनिक पाठ याद हो जाता।

श्रीरामकृष्ण के भक्त भी रामचंद्र दत्त के पिता नृसिंह दत्त उन दिनों

अपने पुत्र के साथ नरेंद्र के घर पर ही रहते थे। रात में नरेंद्र नृसिंह दत्त के साथ ही सोया करते। वृद्ध दत्त महोदय को थोड़ा संस्कृत का ज्ञान था। उनकी धारणा थी कि कठिन विषयों को बचपन से सिखाने से लड़के उन्हें आसानी से याद रख सकते हैं। इस धारणा के कारण वे रात में नरेंद्र को अपने समीप रहने के सुयोग से पुरखों की नामावली, देवी-देवताओं के नाम और मुग्धबोध व्याकरण के सूत्रों को मौखिक रूप से उन्हें सिखाया करते थे। अपनी माता, आत्मीय जन और गुरु महोदय की कृपा से इस प्रकार बँगला भाषा और संस्कृत में नरेंद्र ने अल्प आयु में ही पर्याप्त ज्ञान प्राप्त कर लिया।

सन् 1871 में, जब वे आठ वर्ष के थे, विद्यासागर महाशय के मेट्रोपोलिटन इंस्टीट्यूशन की तत्कालीन नौवीं कक्षा में उनका नामांकन करवा दिया गया। विद्यालय उन दिनों सुकिया-स्ट्रीट में था। वहाँ इन दिनों लाहा का घर हो गया है। विद्यालय के सभी शिक्षकगण उनकी बुद्धिमत्ता से उनकी ओर आकृष्ट हुए। किंतु एक कठिन समस्या उत्पन्न हो गई। अँगरेजी भाषा सीखने के प्रति उन्होंने तीव्र अनिच्छा प्रकट की। सभी लोगों ने बहुत समझाया, "आजकल अँगरेजी शिक्षा पाना आवश्यक है। नहीं सीखने से काम नहीं चलता।" तथापि नरेंद्र की प्रतिज्ञा नहीं टली। वृद्ध नृसिंह दत्त महाशय ने भी समझाया, किंतु सफल नहीं हुए।

इस तरह कुछ समय बीत जाने पर नरेंद्र ने न जाने क्या सोचकर दत्त महाशय की बात मान ली। इस नई इच्छा के साथ-साथ वे इस प्रकार नए उत्साह से यह भाषा सीखने लगे कि सभी देखकर अवाक् हो गए। इतिहास और संस्कृत भाषा भी उन्होंने सीखी थी, किंतु अंकगणित के प्रति वे विरक्त थे।

प्रवेशिका श्रेणी में अध्ययन काल में यद्यपि उन्हें कड़ा परिश्रम करना पड़ता था तथापि वे केवल किताबी कीड़ा नहीं बनना चाहते थे। वे रटंत विद्या में विश्वास नहीं करते थे। निश्चय ही इसके चलते परीक्षाफल में उन्हें हानि भी उठानी पड़ी थी। उनके मनोनुकूल विषयों को अधिक समय मिलता। लेकिन अन्य विषयों में उस प्रकार अधिकार नहीं हो पाता था। उन्हें साहित्य पसंद था। इतिहास में उनकी विशेष रुचि थी। इसीलिए मार्शमैन, एलफिंस्टन आदि विद्वानों की भारत के इतिहास की पुस्तकें उन्होंने पढ़ डालीं। अँगरेजी और बँगला साहित्य की कई अच्छी-अच्छी पुस्तकों का उन्होंने अध्ययन किया था। किंतु गणित की ओर वे भली-भाँति ध्यान नहीं देते थे। एक बार उन्होंने कहा था, "प्रवेशिका परीक्षा के मात्र दो-तीन दिन पहले देखा कि रेखागणित को

तो कुछ पढ़ा ही नहीं। तब सारी रात जागकर पढ़ने लगे और चौबीस घंटों में रेखागणित की चार पुस्तकों को पढ़कर अधिकृत कर लिया।"

इन्ही दिनों उन्होंने पुस्तक पढ़ने की एक नई रीति की खोज की। बाद में उन्होंने बताया था, "ऐसा अभ्यास हो गया था कि किसी लेखक की पुस्तक को पंक्तिबद्ध नहीं पढ़ने पर भी मैं उसे समझ लेता था। हर अनुच्छेद (पैराग्राफ) की प्रथम और अंतिम पंक्तियाँ पढ़कर ही उसका भाव ग्रहण कर लेता। यह शक्ति जब और बढ़ गई, तब अनुच्छेद (पैराग्राफ) पढ़ने की भी जरूरत नहीं पड़ती थी। हर पृष्ठ की प्रथम और अंतिम पंक्तियाँ पढ़कर ही समझ लेता। फिर जहाँ किसी विषय को समझाने के लिए लेखकों ने चार-पाँच या इससे अधिक पृष्ठ लगाकर विवेचन करना शुरू किया होता, वहाँ आरंभ की कुछ बातों को पढ़कर ही मैं उसे समझ लेता था।"

❑

# शिक्षक का कोप

नरेंद्र बहुत ही निर्भीक तथा दृढ़ संकल्प वाला बालक था। उनकी इच्छा के विरुद्ध उनसे कार्य करवाना मानो लोहे के चने चबाने जैसा था। यह घटना भी उसी समय से संबंध रखती है।

नरेंद्र जिस विद्यालय में पढ़ते थे, उस विद्यालय के एक शिक्षक बड़े क्रोधी थे। आवश्यकता महसूस करते ही वे छात्रों को कठोर शारीरिक दंड दिया करते। एक दिन शिक्षक एक बालक को उसके उद्दंड व्यवहार के लिए पीट रहे थे, तब उनकी इस अकारण उन्मत्तता, विकट मुखभंगिमा आदि देखकर नरेंद्र अपनी हँसी नहीं रोक सके।

इसके फलस्वरूप शिक्षक का सारा क्रोध नरेंद्र के ऊपर आ गिरा और उन्हें पीटते-पीटते वे कहने लगे, "कहो, फिर कभी मेरी ओर देखकर नहीं हँसोगे।"

नरेंद्र के ऐसा नहीं कहने पर शिक्षक ने और अधिक पीटना शुरू किया और दोनों हाथों से उनके कान मलने लगे। यहाँ तक कि कान पकड़कर ऊँचा उठाते हुए उन्हें बेंच पर खड़ा कर दिया। इससे एक कान छिल गया और खून रिसने लगा। तब भी नरेंद्र उस प्रकार की प्रतिज्ञा करने को सहमत नहीं हुए और क्रोध से भरकर कहने लगे, "मेरे कान नहीं मलिएगा! मुझे पीटने वाले आप कौन होते हैं? मेरी देह पर हाथ नहीं लगाइएगा!"

इसी समय सौभाग्यवश श्रीईश्वरचंद्र विद्यासागर वहाँ आ पहुँचे। नरेंद्र ने फफकते-फफकते सारी घटना उनसे कह सुनाई और हाथों में पुस्तकें उठाते हुए कहा कि मैं सदा के लिए यह विद्यालय छोड़कर जा रहा हूँ।

विद्यासागर ने उन्हें अपने कमरे में ले जाकर काफी सांत्वना दी।

बाद में इस प्रकार के दंड विधान के संबंध में और भी जानकारी मिलने पर यह आदेश दिया गया कि विद्यालय में इस प्रकार का दंड नहीं दिया जाएगा।

इधर घर में भुवनेश्वरी ने जब घटना का विवरण सुना, तब उन्होंने दुःख और क्षोभ से विह्वल होकर कहा, "मैं अपने बच्चे को ऐसे विद्यालय में अब नहीं जाने दूँगी।" किंतु नरेंद्रनाथ का मन तब तक शांत हो गया था। पहले की भाँति ही वे उस विद्यालय में जाने लगे, उनका कान ठीक होने में कई दिन लग गए थे।

खेल-कूद और लिखने-पढ़ने के साथ-साथ उनके चरित्र के और भी कई आयाम इसी समय खुलने लगे। संगीत के प्रति उनमें एक जन्मजात और स्वाभाविक आकर्षण था। भिखारी गायकों का दल जब दरवाजे पर खड़ा होकर ढोल बजाते हुए गाना गाता, तब वे उसे आग्रहपूर्वक सुना करते। टोले-मुहल्ले में रामायण आदि का गान होने पर वे वहाँ भी उपस्थित होते। इसी समय उन्होंने पाकविद्या भी सीखी। साथियों को लेकर खेल के बहाने वे रसोई की सारी वस्तुओं को एकत्र करते और उन सबसे चंदा भी लेते, किंतु अधिकांश व्यय उन्हें स्वयं वहन करना होता। मुख्य रसोइया स्वयं होते। यद्यपि वे मिर्ची का अधिक प्रयोग करते थे, किंतु इसके पश्चात् भी खाना विलक्षण बनता था।

❑

# दंड का अधिकारी

नरेंद्र की प्रारंभिक शिक्षा घर पर रहते हुए ही एक निजी अध्यापक के द्वारा शुरू हुई। कुछ समय बाद उनका दाखिला 'मेट्रोपोलिटन इंस्टीट्यूट' में करवा दिया गया।

इस स्कूल में आकर भी नरेंद्र की चंचलता में कोई कमी न आई। वह पहले की तरह ही उद्दंड, निर्भीक और चंचल बना रहा। एक दिन एक अध्यापक कक्षा में पढ़ा रहे थे और नरेंद्र अपने कुछ साथियों के साथ गप्पें लड़ा रहा था। यह देखकर अध्यापक को क्रोध आ गया।

उन्होंने नरेंद्र की टोली में से एक-एक छात्र को खड़ा करके उसी विषय का प्रश्न पूछा, जो वे पढ़ा रहे थे।

सभी छात्रों का ध्यान तो नरेंद्र की बातों की ओर था, फिर भला वे अध्यापक के प्रश्न का उत्तर कैसे दे पाते।

सबसे बाद में अध्यापक ने नरेंद्र को खड़ा करके उससे भी वही प्रश्न पूछा।

नरेंद्र ने बिना किसी हिचकिचाहट के अध्यापक के प्रश्न का सही-सही उत्तर दे दिया। अध्यापक नरेंद्र का सही उत्तर पाकर बड़े प्रसन्न हुए। उन्होंने उसे बैठने का आदेश दिया।

अध्यापक द्वारा बैठने के लिए कहने पर भी नरेंद्र नीचे न बैठा तो अध्यापक बोले, "नरेंद्र, तुम्हारा उत्तर बिलकुल ठीक है। मैंने तुम्हें बैठने के लिए कहा है, खड़ा होकर दंड पाने के लिए नहीं।"

"सर, मेरा उत्तर ठीक है, यह तो मैं भी जानता हूँ, किंतु फिर भी मैं दंड पाने का अधिकारी हूँ।" नरेंद्र ने गंभीरता से कहा।

"क्यों?" नरेंद्र की बात सुनकर अध्यापक ने हैरानी से पूछा।

"क्योंकि सर, गप्पें तो मैं ही सुना रहा था। शेष सब तो सुन ही रहे थे!"

नरेंद्र की बात सुनकर अध्यापक को बड़ा आश्चर्य हुआ। वे उसकी निर्भीकता और सत्यवादिता से बड़े प्रसन्न हुए। उसके पास आकर पीठ थपथपाते हुए बोले, "नरेंद्र, तुम्हारे बारे में मैं आज भविष्यवाणी करता हूँ कि तुम एक दिन निश्चय ही भारत के महान् व्यक्ति बनोगे।"

अध्यापक की भविष्यवाणी का नरेंद्र पर यह प्रभाव पड़ा कि इसके बाद नरेंद्र ने स्कूल में शरारत करना छोड़ दिया।

अब उन्हें अपने उत्तरदायित्व का बोध हो गया था।

वे इस बात के लिए गंभीर हो गए थे कि उसकी उद्‌दंडताओं के कारण कोई यह न कह दे कि यही वह उद्‌दंडी छात्र है, जिसके महान् होने की अध्यापक ने भविष्यवाणी की है।

❑

# सत्य की खोज

बात उस समय की है जब नरेंद्र ने सत्य की खोज में न जाने कितनी ही पुस्तकें पढ़ डाली थीं। वे अपने अध्ययन से किसी उद्‌देश्य को प्राप्त करना चाहते थे।

वास्तव में वह अध्ययन के माध्यम से सत्य की खोज करना चाहते थे। जिसे वे सत्य की कसौटी पर खरा पाते, उसकी मन-प्राण से रक्षा करते। जब उन्हें लगता कि सामने वाला उस सत्य को झूठ साबित करने के लिए उद्यत है तो नरेंद्र तुरंत उससे तर्क-वितर्क करने लगते और उसे परास्त करके ही शांत होते।

उनके मन में न किसी के प्रति द्वेष था और न ही वे अपनी बात ऊँची रखने के लिए कुतर्क का सहारा लेते थे, फिर भी उनसे परास्त व्यक्ति उन्हें दंभी कहते थे, किंतु नरेंद्र ने कभी इस ओर ध्यान नहीं दिया कि कोई उनके विषय में क्या कह रहा है।

उनके स्वभाव से परिचित छात्र उनका बहुत आदर करते थे। जनरल असेंबली कॉलेज के अध्यक्ष विलियम हेस्टी बहुत सज्जन व्यक्ति थे। वह बड़े विद्वान्, कवि और दार्शनिक भी थे। नरेंद्र अपने कुछ प्रतिभाशाली साथियों के साथ नियमित रूप से उनके पास जाकर दर्शनशास्त्र का अध्ययन किया करता था। हेस्टी साहब नरेंद्र की बहुमुखी प्रतिभा की बहुत प्रशंसा करते थे।

एक बार नरेंद्र ने जब कॉलेज के 'दार्शनिक क्लब' में किसी मत विशेष का सूक्ष्म विश्लेषण किया, तो हेस्टी साहब ने प्रसन्न होकर कहा, "नरेंद्र दर्शनशास्त्र का अति उत्तम छात्र है। जर्मनी और इंग्लैंड के तमाम विश्वविद्यालयों में एक भी ऐसा छात्र नहीं है, जो इसके समान मेधावी हो।"

नरेंद्र की जिज्ञासा उनकी बढ़ती आयु और अध्ययन के अनुपात में तीव्र होती जा रही थी। वह जानना चाहते थे कि मानव जीवन का

उद्देश्य क्या है? क्या वास्तव में इस जड़-जगत् को संचालित करने वाली कोई सर्वशक्तिमान ईश्वरीय सत्ता है? ऐसे अनगिनत प्रश्नों के उत्तर खोजने की चेष्टा में उनका मन उलझा रहता। हालाँकि उनमें बाल्यावस्था से ही धर्मभावना विद्यमान थी, किंतु सत्य को जानने की अभिलाषा में उनका मन अशांत रहता था।

पाश्चात्य विज्ञान तथा दर्शनशास्त्र का अध्ययन उनके मन में संदेह उत्पन्न करता था। जब भी वह किसी धर्म-प्रचारक को ईश्वर के विषय में उपदेश देते हुए सुनते, तो वह तुरंत पूछते, "महाशय, क्या आपने ईश्वर के दर्शन किए हैं?"

सकारात्मक अथवा नकारात्मक उत्तर देने के स्थान पर धर्म-प्रचारक अपने उपदेशों के माध्यम से उन्हें संतुष्ट करने का प्रयास करते, किंतु नरेंद्र इन सांप्रदायिक बातों को सुन-सुनकर विरक्त हो चुके थे। अपने प्रश्न का उन्हें किसी से सत्यता की कसौटी पर सही उत्तर नहीं मिलता था।

नरेंद्र की अपने पिता से विरासत में मिली आलोचना-प्रवृत्ति पर पाश्चात्य विचारों का प्रभाव बढ़ गया था। इसी कारण नरेंद्र को आत्मिक शांति प्राप्त नहीं हो पा रही थी। उन्हें खोज थी ऐसे व्यक्ति की, जो जीता-जागता आदर्श हो।

और इसी द्वंद्व के चलते नरेंद्र अपने कुछ मित्रों के साथ ब्रह्मसमाज के सदस्य बन गए। तब तक ब्रह्मसमाज आदिब्रह्मसमाज और अखिल भारतीय ब्रह्मसमाज, इन दो भागों में विभक्त हो चुका था। इनके नेता क्रमशः देवेंद्रनाथ ठाकुर और केशवचंद्र सेन थे। केशवचंद्र सेन से बंगाली नौजवान काफी प्रभावित थे।

केशव और उनके अनुयायी ईसाइयत के रंग में रँगे हुए थे तथा उनका रवैया सनातन हिंदू धर्म की उच्चतम मान्यताओं के एकदम विपरीत था। लेकिन नरेंद्र की इन मान्यताओं में आस्था थी। संदेववादी होते हुए भी उनमें अन्य नौजवानों जैसी उद्दंडता तथा अराजकता नहीं थी। उन्होंने आदिब्रह्मसमाज को चुना था।

ब्रह्मसमाज की प्रत्येक रविवारीय उपासना में नरेंद्र सम्मिलित होते थे। साथ ही अपने मधुर कंठ से ब्रह्म संगीत सुनाकर श्रोताओं का मन मोह लेते थे, किंतु वे उपासना के विषय में दूसरे सदस्यों से सहमत नहीं थे। उन्हें ब्रह्मसमाज में त्याग तथा निष्ठा की कमी अनुभव होती थी।

जहाँ भी वह असत्य की छाप देखते, निर्भीक भाव से उसकी आलोचना करते थे, फिर भी उन्हें सत्य के दर्शन नहीं हुए।

एक दिन देवेंद्रनाथ ठाकुर ने उपदेश देते हुए नरेंद्र से कहा, "तुम्हारे प्रत्येक अंग में योगियों की छाया स्पष्ट झलकती है। ध्यान करने से तुम्हें शांति तथा सत्य की प्राप्ति होगी।"

लगनशील नरेंद्र उसी दिन से ध्यानानुराग में रम गए। थोड़ा खाना, चटाई पर सोना, सफेद धोती पहनना तथा शारीरिक कठोरता का पालन करना उन्होंने अपना नियम बना लिया। उन्होंने अपने घर के निकट किराए पर कमरा ले रखा था। उनके परिवार वाले समझते थे कि घर पर पढ़ाई में असुविधा होती होगी, इसी कारण नरेंद्र अलग कमरा लेकर रह रहा है। विश्वनाथजी ने भी कभी नरेंद्र की स्वतंत्रता पर प्रतिबंध लगाने की चेष्टा नहीं की। नरेंद्र अध्ययन, संगीत आदि की चर्चा करने के पश्चात् अपना शेष समय साधना-भजन में बिताते थे।

इस तरह दिन बीतने लगे, लेकिन उनकी सत्य की खोज पूर्ण नहीं हुई। समय बीतने के साथ-साथ उन्हें समझ में आने लगा कि सत्य को प्रत्यक्ष रूप से देखने के लिए किसी ऐसे व्यक्ति के चरण-कमलों में बैठकर शिक्षा लेनी होगी, जिसने स्वयं सत्य का साक्षात्कार किया हो। साथ ही उन्होंने निर्णय लिया कि यदि मैं सत्य की खोज न कर सका, तो इसी प्रयत्न में प्राण दे दूँगा।

❑

# सच्चे गुरु की तलाश

सन् 1881 की बात है। नवंबर का महीना था, ठंड भी अपना भरपूर असर दिखा रही थी। एक दिन श्रीरामकृष्ण परमहंस आमंत्रण पर सुरेंद्रनाथ के घर पधारे। उनके आने पर आनंदोत्सव मनाया जा रहा था। कोई अच्छा गायक न मिलने पर सुरेंद्रनाथ ने अपने मित्र नरेंद्र को बुला लिया। जब श्रीरामकृष्णजी ने नरेंद्र का गाना सुना, तो वे उसकी प्रतिभा को पहचान गए। उन्होंने नरेंद्र से काफी देर तक बातें कीं और जाते समय नरेंद्र को दक्षिणेश्वर आने का निमंत्रण भी दे गए।

उस समय नरेंद्र एफ.ए. की तैयारी में जुटे थे। शीघ्र ही परीक्षा होने वाली थी, जिस कारण नरेंद्र श्रीरामकृष्ण परमहंस के आमंत्रण को भूल गए। परीक्षा समाप्त होते ही नरेंद्र के विवाह की बातचीत होने लगी। लेकिन नरेंद्र विवाह करने के इच्छुक नहीं थे, वह अकसर अपने मित्रों से कहते थे, "मैं विवाह नहीं करूँगा।"

इधर विश्वनाथ बाबू खुले विचारों वाले व्यक्ति थे, वे नरेंद्र पर किसी भी तरह का दबाव नहीं डालना चाहते थे। अतः उन्होंने विवाह के संबंध में नरेंद्र की राय जानने का कार्य अपने संबंधी डॉ. रामचंद्र दत्त को सौंप दिया। उनके पूछने पर नरेंद्र ने स्पष्ट शब्दों मे कह दिया, "मैं विवाह के बंधन से मुक्त रहना चाहता हूँ, क्योंकि मेरे उद्देश्य की पूर्ति में विवाह बाधक है।"

नरेंद्र का जवाब सुनकर रामचंद्र दत्त ने उन्हें सलाह दी, "यदि वास्तव में तुम्हारा उद्देश्य सत्य की प्राप्ति है, तो ब्रह्मसमाज में जाने से कोई लाभ नहीं है। तुम्हारे लिए दक्षिणेश्वर में श्रीरामकृष्ण के पास जाना ठीक रहेगा।"

उनके ऐसा कहते ही नरेंद्र को श्रीरामकृष्णजी का आमंत्रण स्मरण हो आया और वह अपने मित्रों के साथ दक्षिणेश्वर जा पहुँचे।

श्रीरामकृष्ण परमहंस नरेंद्र से आत्मीयता के साथ मिले। उन्होंने नरेंद्र को अपने निकट चटाई पर बैठा लिया और गाना सुनाने के लिए कहा। नरेंद्र ने ब्रह्मसमाज का 'मन चलो निज निकेतन' गीत गाया। गीत समाप्त होने पर श्रीरामकृष्ण नरेंद्र को एकांत में ले गए और अंदर से कमरा बंद कर लिया।

श्रीरामकृष्ण ने नरेंद्र से पूछा, "अरे, तू इतने दिन कहाँ रहा? मैं कब से तेरी प्रतीक्षा कर रहा था। विषयी लोगों से बात करते-करते मेरा मुँह जल गया है, आज तुझ जैसे सच्चे त्यागी से बात करके मुझे शांति मिलेगी।" कहते-कहते उनकी आँखों से आँसू बहने लगे।

नरेंद्र हतप्रभ से उनकी ओर देखते रह गए।

कुछ पलों बाद रामकृष्ण ने हाथ जोड़कर नरेंद्र से सम्मानजनक शब्दों में कहा, "मैं जानता हूँ कि तू सप्तऋषि मंडल का महर्षि है, नररूपी नारायण है। जीवों के कल्याण की कामना से तूने देह धारण की है।"

नरेंद्र उनकी बातों का कोई उत्तर न दे सके। वह अवाक् से उन्हें देखते रहे। उन्होंने मन-ही-मन सोचा, यह तो निरा पागलपन है। मैं विश्वनाथ दत्त का पुत्र हूँ, फिर ये मुझे क्या कह रहे हैं?

उसी पल श्रीरामकृष्ण ने नरेंद्र का हाथ थाम लिया और विनीत स्वर में बोले, "मुझे वचन दे कि तू मुझसे मिलने पुनः अकेला आएगा और जल्दी आएगा।"

नरेंद्र ने इस अद्भुत स्थिति से मुक्त होने के लिए वचन तो दे दिया, किंतु मन-ही-मन कहा, फिर कभी न आऊँगा।

इसके बाद श्रीरामकृष्ण नरेंद्र के साथ वापस बैठक में आ गए। वहाँ अन्य लोगों की मौजूदगी में जो बातें हुईं, नरेंद्र को उनमें जरा भी पागलपन नहीं दिखाई दिया।

नरेंद्र वापस अपने घर लौट आए। हालाँकि उन्होंने निर्णय लिया था कि वे अब कभी श्रीरामकृष्ण से मिलने दक्षिणेश्वर नहीं जाएँगे, मगर एक माह बाद वे पुनः दक्षिणेश्वर जा पहुँचे।

रामकृष्ण एक खटोले पर लेटे हुए थे। नरेंद्र ने देखा, वहाँ उनके अतिरिक्त कोई दूसरा प्राणी नहीं है।

जैसे ही रामकृष्ण की दृष्टि नरेंद्र पर पड़ी, वे प्रसन्न हो उठे और आनंदित स्वर में उन्हें अपने निकट बुलाकर बैठा लिया। नरेंद्र के बैठने पर न जाने किस भाव से रामकृष्ण तन्मय हो गए और सरकते-सरकते उनके निकट आ गए।

नरेंद्र तनिक से भयभीत हो गए, उन्होंने सोचा, 'शायद यह पागल पहले दिन की भाँति आज भी कोई पागलपन करेगा।' अचानक श्रीरामकृष्ण ने अपना दाहिना पैर नरेंद्र के शरीर से स्पर्श करा दिया। उनका ऐसा करना था कि नरेंद्र को कमरे की दीवारें, सब वस्तुएँ और संपूर्ण संसार घूमता हुआ महसूस होने लगा। एकाएक उन्हें अपना व्यक्तित्व तथा सभी वस्तुएँ शून्य में विलीन होती अनुभव हुईं।

उस समय नरेंद्र घबरा गए और भयभीत होकर चिल्ला उठे, "अजी, आपने ये मेरी कैसी अवस्था कर डाली, मेरे तो माँ-बाप भी हैं।"

नरेंद्र की बात सुनकर श्रीरामकृष्ण खिलखिलाकर हँस दिए और नरेंद्र का हाथ अपनी छाती पर रखकर बोले, "अभी इस सबका समय नहीं आया है, शायद! खैर···फिर कभी सही।"

इसके बाद परमहंस पुनः सामान्य स्थिति में आ गए। उन्होंने पहले दिन की भाँति नरेंद्र को प्रेमपूर्वक खिलाया-पिलाया। विभिन्न विषयों पर वार्त्तालाप करते-करते तथा हास-परिहास भी किया।

शाम होने पर नरेंद्र ने जब जाने की आज्ञा माँगी, तो वे उदास होकर बोले, "अच्छा! लेकिन वचन दे, फिर जल्दी ही आएगा तू।"

नरेंद्र ने विवश होकर पहले दिन की भाँति वचन दिया और घर लौट आए।

❑

# सच्चा गुरु

नरेंद्र की उस समय जो मनःस्थिति थी, उसके विषय में स्वामी सारदानंद ने अपने ग्रंथ 'श्रीरामकृष्ण लीला प्रसंग' में लिखा है, "मैं सोच में पड़ गया कि इच्छा मात्र से यह पुरुष अगर मेरे जैसे प्रबल इच्छा-शक्ति वाले मन को और दृढ़ संस्कार युक्त गठन को इस प्रकार मिट्टी के लोटे की भाँति तोड़-फोड़कर अपने अनुरूप ढाल सकता है, तो फिर यह पागल कैसे हो सकता है? लेकिन पहली भेंट में ही एकांत में ले जाकर इन्होंने मुझे जिस तरह संबोधित किया, उसे क्या कहा जाए? बुद्धि का उन्मेष होने के अनंतर खोज तथा तर्कयुक्ति की सहायता से प्रत्येक वस्तु तथा व्यक्ति के विषय में एक मत स्थिर किए बिना मैं कभी निश्चिंत नहीं हो सका। इसी स्वभाव में आज एक प्रचंड आघात लगा। इससे इस संकल्प का उदय हुआ कि जैसे भी हो, इस अद्‌भुत पुरुष के स्वभाव तथा शक्ति की बात अवश्य समझनी चाहिए।"

नरेंद्र जिसे आदर्श के रूप में खोज रहे थे, वे वही थे। फिर भी नरेंद्र जैसे दृढ़ संस्कारयुक्त व्यक्ति के लिए भी श्रीरामकृष्ण जैसे अद्‌भुत पुरुष को एकाएक गुरु के रूप में धारण करना संभव नहीं था। अतः उन्होंने श्रीरामकृष्ण की परीक्षा लेने का निश्चय किया।

एक दिन सुबह के समय, जब नरेंद्र अपने मित्रों के साथ अध्ययन में जुटे थे, उन्हें किसी के पुकारने का स्वर सुनाई दिया—"नरेन, नरेन!"

स्वर सुनते ही नरेंद्र हड़बड़ाकर तेजी से द्वार खोलने के लिए लपके। उस स्वर को वे पहचानते थे। आगंतुक श्रीरामकृष्ण ही थे।

नरेंद्र को देखते ही श्रीरामकृष्ण की आँखों में आँसू भर आए। वे बोले, "तू इतने दिनों से आया क्यों नहीं?"

नरेंद्र उन्हें आदर सहित भीतर ले आए। आसन ग्रहण करने के पश्चात् श्रीरामकृष्ण ने उन्हें अंदेशे खाने को दिए, जिन्हें नरेंद्र ने अपने

मित्रों में भी बाँटा।

इसके पश्चात् श्रीरामकृष्ण ने नरेंद्र से भजन गाने को कहा।

नरेंद्र ने 'जागो माँ कुल कुंडलिनी' भजन गाया।

भजन आरंभ होते ही रामकृष्ण भावविभोर हो उठे और समाधि में लीन हो गए। उन्हें संज्ञाशून्य होता देखकर नरेंद्र के मित्र भयभीत हो उठे। तब नरेंद्र बोला, "भयभीत मत होओ। वे संज्ञाशून्य नहीं हुए हैं, बल्कि भावविभोर हुए हैं। दूसरा भजन सुनकर पुनः चेतना में आ जाएँगे।"

नरेंद्र का कथन सत्य सिद्ध हुआ। नरेंद्र ने अन्य भजन गाने आरंभ किए, तो रामकृष्णजी की चेतना लौट आई। गीतों का सिलसिला समाप्त होने पर श्रीरामकृष्ण नरेंद्र को आग्रहपूर्वक दक्षिणेश्वर ले गए।

नरेंद्र यदि कुछ दिनों तक दक्षिणेश्वर जाकर श्रीरामकृष्ण से भेंट नहीं करते थे, तो वे व्याकुल हो उठते थे।

❑

# गुरु की उदासी

एक दिन श्रीरामकृष्ण भक्त के स्वभाव को चातक का दृष्टांत देकर समझा रहे थे, "चातक जिस प्रकार अपनी प्यास बुझाने के लिए बादल की ओर ही ताकता रहता है और उसी पर पूर्णतया निर्भर रहता है, उसी प्रकार भक्त भी अपने हृदय की प्यास और सब प्रकार के अभावों की पूर्ति के लिए केवल ईश्वर पर ही निर्भर रहता है।"

नरेंद्रनाथ उस समय वहाँ बैठे थे, एकाएक बोल उठे, "महाराज, यद्यपि यह प्रसिद्ध है कि चातक पक्षी वर्षा का जल छोड़कर और कोई जल नहीं पीता, परंतु फिर भी यह बात सत्य नहीं है, अन्य पक्षियों की तरह नदी आदि जलाशयों में भी जल पीकर वह अपनी प्यास बुझाता है। मैंने चातक को इस तरह जल पीते हुए देखा है।" श्रीरामकृष्ण देव ने कहा, "अच्छा! चातक अन्य पक्षियों की तरह धरती का जल भी पीता है? तब तो मेरी इतने दिनों की धारणा मिथ्या हो गई। जब तूने देखा है तो फिर उस विषय में मैं संदेह नहीं कर सकता।" बालक तुल्य स्वभाव वाले श्रीरामकृष्ण देव इतना कहकर ही निश्चिंत नहीं हुए, वे सोचने लगे–यह धारणा जब मिथ्या प्रमाणित हुई, तो दूसरी धारणाएँ भी मिथ्या हो सकती हैं। यह विचार मन में आने पर वे बहुत उदास हो गए। कुछ दिन बाद नरेंद्र ने एक दिन उन्हें एकाएक पुकारकर कहा, "वह देखिए महाराज, चातक गंगाजी का जल पी रहा है।" श्रीरामकृष्ण देव जब देखने आए और बोले, "कहाँ रे?" नरेंद्र के दिखाने पर उन्होंने देखा, एक छोटा सा चमगादड़ पानी पी रहा है। तब वे हँसते हुए बोले, "यह तो चमगादड़ है रे! अरे मूर्ख, तू चमगादड़ को चातक समझता है और मुझे इतने बड़े सोच में डाल दिया। अब मैं तेरी किसी बात पर विश्वास नहीं करूँगा।"

श्रीरामकृष्ण के साकार देव-देवियों और उनके क्रियाकलापों के

प्रति पूर्ण विश्वासी होने पर भी नरेंद्रनाथ का इन सब पर विश्वास नहीं था। वे कह उठते–"रूप-दूप आपके मस्तिष्क का भ्रम है।"

नरेंद्र की सत्यवादिता के संबंध में दृढ़ निश्चयी श्रीरामकृष्ण इस प्रकार हतबुद्धि होकर माँ काली से निवेदन करते, "माँ, नरेंद्र कहता है, यह सब मेरे मस्तिष्क का भ्रम है। क्या यह सच है?" माँ इस प्रकार उन्हें समझाकर कहतीं, "नहीं, वह सब ठीक है, भ्रम नहीं है। नरेंद्र बच्चा है, इसीलिए ऐसा कहता है।" इस प्रकार वह आश्वस्त मन से लौटकर नरेंद्र को सुना देते, "तेरी जैसी इच्छा हो, वैसा भले ही बोल, किंतु मैं उस पर विश्वास नहीं करता।"

श्रीरामकृष्ण नरेंद्र की इस प्रकार की उक्ति से साधारणतया असंतुष्ट नहीं होते थे, फिर भी नरेंद्र के कल्याण के लिए सदैव चुप ही रहते, ऐसा भी नहीं था। श्रीरामकृष्ण के विश्वास को हिला नहीं पाने पर तथा श्रीरामकृष्ण के द्वारा उनकी बात नहीं मानने पर नरेंद्र उनकी ऐसी बातों पर संदेह प्रकट करते। उन दिनों की बातों का स्मरण कर श्रीरामकृष्ण ने एक दिन भक्तों से कहा था, "माँ काली को पहले उसके जी में जो आता था वही कहता था, मैंने चिढ़कर एक दिन कहा था, 'मूर्ख, तू अब यहाँ न आना'।"

❑

# ईश्वर क्या है?

नरेंद्र प्रातः-सायं भजन करने बैठ जाते, ईश्वर का नाम लेते, उन्हें स्मरण करते। एक दिन उनके पिता ने उनकी परीक्षा लेनी चाही तो वे बोले, "तुम क्यों अपना समय नष्ट करते रहते हो। संसार में कोई ईश्वर नहीं। जिसका तुम नाम लेते फिरते हो, उसका कोई अस्तित्व नहीं।"

नरेंद्र बोले, "यदि ईश्वर नहीं है तो फिर सृष्टि किसने रची है?"

पिता ने कहा, "यह सबकुछ गरमी और गति का परिणाम है। प्रत्येक वस्तु में उष्णता है, गति है। पता नहीं, कब यह उष्णता बहुत बढ़ी। इसके कारण कहीं कुछ बन गया, कहीं कुछ। स्वयं ही यह सबकुछ हो गया। इसे बनाने वाला कोई नहीं।"

नरेंद्र सोचने लगे, 'अपने पिता को किस प्रकार समझाऊँ? कॉलेज में गए, तब भी यह विचार उनके मन में था। एक बड़ा सा कागज लेकर सुंदर रंगों के साथ वहाँ उन्होंने एक चित्र बनाया। चित्र बनाकर घर में आए, उसे कमरे में रख दिया, जिसमें उनके पिता सोया करते थे।'

पिता कार्यालय से लौटे तो चित्र को देखा। नरेंद्र से बोले, "यह चित्र किसने बनाया? यह तो बहुत सुंदर बना है।"

नरेंद्र ने कहा, "किसी ने भी तो नहीं बनाया, अपने आप ही बन गया है।"

पिता ने आश्चर्य से कहा, "अपने-आप?"

नरेंद्र ने कहा, "हाँ पिताजी, कॉलेज में कागज के रिम पड़े थे। उनमें उष्णता और गति आई तो एक रिम से यह कागज उड़कर मेज पर आ गया। एक अलमारी में रंग भी पड़े थे। उन्हें गरमी जो लगी तो उनके अंदर शक्ति आ गई। अलमारी से निकलकर वे कागज पर गिर पड़े, उसके ऊपर फैल गए और यह चित्र बन गया।"

पिता बोले, "मुझसे उपहास करता है, भला यह अपने आप कैसे बन सकता है?"

नरेंद्र ने कहा, "वैसे ही पिताजी, जैसे यह सृष्टि बन गई। यदि गरमी की शक्ति से स्वयमेव इतनी बड़ी सृष्टि बन सकती है तो क्या यह छोटा सा चित्र नहीं बन सकता?"

नरेंद्र के पिता उसके ज्ञान की गहराई को समझ गए थे।

इस शरीर में जिस प्रकार आत्मा प्रत्येक कार्य को चलाती हुई शरीर का स्वामी बन बैठी है, वैसे ही इस संसार को चलाता हुआ ईश्वर संसार का स्वामी बनके प्रत्येक वस्तु के अंदर विद्यमान है। इंद्रियों के परदे को हटाकर जिस प्रकार आत्मा के दर्शन होते हैं, इसी प्रकार प्रकृति के परदे को हटाकर ईश्वर का दर्शन होता है।

❑

# गुरु की व्याकुलता

नरेंद्रनाथ के दक्षिणेश्वर आगमन के कुछ दिनों बाद बाबूराम (भविष्य में स्वामी प्रेमानंद) का आवागमन शुरू हुआ। एक दिन वे रामदयाल बाबू के साथ संध्या के समय दक्षिणेश्वर पहुँचे और बहुत देर तक धर्म-चर्चा करने के उपरांत भोजन के बाद श्रीरामकृष्ण देव के कमरे में पूर्व की ओर काली मंदिर के आँगन के उत्तरी बरामदे में वे रामदयाल बाबू के साथ सो गए। तदुपरांत नरेंद्र के लिए श्रीरामकृष्ण देव की व्याकुलता उन्होंने अपनी आँखों से देखी तथा उस संबंध में उन्होंने स्वयं अपने श्रीमुख से इस प्रकार वर्णन किया था, "सोने के बाद एक घंटा भी न बीता होगा कि श्रीरामकृष्ण देव अपनी पहनी धोती को बच्चों की तरह बगल में दबाए हमारे पास आकर रामदयाल बाबू को पुकारकर कहने लगे—"अजी, सो गए?" हम दोनों चौंककर उठ बैठे और कहा, "जी नहीं।" सुनकर श्रीरामकृष्ण देव कहने लगे, "देखो नरेंद्र के लिए मेरा हृदय मानो अँगोछा निचोड़ने के समान हो रहा है, उसे एक बार भेंट करने के लिए कहना। वह शुद्ध सत्त्वगुण का आधार और साक्षात् नारायण है। बीच-बीच में उसे देखे बिना मैं रह नहीं सकता।"

रामदयाल बाबू कुछ समय पहले से दक्षिणेश्वर आया-जाया करते थे। इसलिए श्रीरामकृष्ण देव का बालक सा व्यवहार उन्हें ज्ञात था। उनका बालक सा आचरण देखकर वे समझ गए कि श्रीरामकृष्ण देव भावविभोर हो गए हैं। सुबह होते ही नरेंद्र से मिलकर उसे यहाँ आने के लिए वे कहेंगे, यदि कहकर वे श्रीरामकृष्ण देव को शांत करने लगे। परंतु उस रात को श्रीरामकृष्ण देव का भाव जरा भी शांत नहीं हुआ। फिर यह सोचकर कि हमारी निंद्रा में बाधा पड़ रही है, वे बीच-बीच में थोड़ी देर के लिए अपने बिस्तर पर लेट जाते थे, परंतु कुछ देर बाद उस बात को भूलकर पुनः हमारे पास आते और बहुत ही करुण भाव से कहते कि नरेंद्र को देखे बिना उनके हृदय में कैसी यंत्रणा हो रही है। ❑

# गुरु-शिष्य मिलन

नरेंद्र के लिए रामकृष्ण देव का मन मानो नरेंद्रमय हो गया था। उनके मुख से नरेंद्र के गुणानुवाद के सिवाय और कोई दूसरी बात नहीं निकलती थी। उन्होंने कहा था, "देखो, नरेंद्र शुद्ध सत्त्वगुणी है। मैंने देखा है कि वह अखंड के घर के चार में से एक और सप्तर्षियों में से एक है।" इतना कहते-कहते श्रीरामकृष्ण देव पुत्र-विरह से व्याकुल माता के समान रोने लगे। बाद में किसी तरह अपने को सँभाल नहीं पाने के कारण वे बरामदे में चले गए और करुण स्वर में कहते-कहते रोने लगे, "माँ, उसे देखे बिना मैं रह नहीं सकता।" कुछ क्षण के बाद अपने को कुछ सँभालकर वे कमरे में आए और बोले, "इतना रोया, परंतु नरेंद्र नहीं आया। उसे एक बार देखने के लिए मेरे हृदय में बड़ी पीड़ा होती है। छाती के भीतर मानो मरोड़ उठ रहा है, परंतु मेरे खिंचाव को वह नहीं समझता।" ऐसा कहते-कहते वे फिर बाहर जाकर रोने लगे और फिर आकर कहने लगे, "मैं बूढ़ा आदमी उसके लिए बेचैन हो रहा हूँ, इतना रो रहा हूँ, मुझे देखकर लोग क्या कहेंगे, तुम्हीं लोग बताओ। तुम सब अपने हो, तुम्हारे सामने कहने में लज्जा नहीं आती, किंतु दूसरे लोग क्या सोचेंगे? मैं किसी तरह भी अपने को सम्हाल नहीं सकता।"

इस घटना के द्वारा सान्याल महाशय ने नरेंद्र के लिए रामकृष्ण देव की व्याकुलता का जिस तरह प्रत्यक्ष प्रमाण पाया था, तब एक दिन नरेंद्र के आने से श्रीरामकृष्ण के आंदोल्लास को देखकर भी वे उसी प्रकार विस्मित हो गए थे। उस दिन श्रीरामकृष्ण की जन्मतिथि पर भक्तगण उन्हें नए वस्त्र, फूल, चंदन आदि से सजाकर आनंदित हो कीर्तन कर रहे थे। नरेंद्र के नहीं आने से रामकृष्ण उद्विग्न हो गए थे। कभी-कभी चारों ओर देखते हुए भक्तों से कहते थे, "नरेंद्र तो आया नहीं।"

दोपहर के समय नरेंद्र ने आकर रामकृष्ण देव के चरणों में प्रणाम

किया। तभी रामकृष्ण उछलकर उसके कंधे पर जा बैठे और भावह्विल हो गए। बाद में सहज अवस्था प्राप्त होने पर रामकृष्ण देव नरेंद्र से बातचीत करने तथा उसे खिलाने-पिलाने में लग गए। उस दिन फिर उनका कीर्तन सुनना नहीं हुआ।

नरेंद्रनाथ का मन विचारप्रवण था। ऐसे आंतरिक प्रेम के अधिकारी होकर भी बिना सोचे-विचारे वे कुछ भी ग्रहण नहीं करते थे। ऐसे निश्चल स्नेह पर भी निःसंकोच होकर वे अपनी तीक्ष्ण समालोचना का अस्त्र चलाते। पहले-पहल तो वे समझ ही नहीं पाते थे कि रामकृष्ण देव उनके लिए इतना प्रयत्न करते क्यों हैं। फिर उनका यह स्नेह रामकृष्ण देव को दूसरों की दृष्टि में हेय बना सकता है, इस खयाल से भी वे उद्विग्न हो जाते थे। इसी से कभी-कभी वे ऐसी कठोर बात भी कह बैठते थे, "अंतकाल में आपकी अवस्था राजा भरत की भाँति न हो जाए। राजा भरत दिन-रात अपने पालित हिरण की बात सोचते हुए मरने के बाद हिरण हो गए थे।" बालक सदृश सरल-चित्त रामकृष्ण देव इन बातों को सुनकर गहरी चिंता में डूब गए थे और उन्होंने कहा था, "तू ठीक कहता है, ठीक ही तो है, तो फिर क्या होगा, मैं तो तुझे देखे बिना रह नहीं सकता।" अत्यंत दुःखी होकर वे माँ (श्री जगदंबा) के चरणों में गए, किंतु कुछ क्षणों के बाद ही हँसते हुए लौट आए और बोले, "अरे मूर्ख, मैं तेरी बात नहीं मानूँगा। माँ ने कहा—तू उसको (नरेंद्र को) साक्षात् नारायण समझता है, इसीलिए प्यार करता है, जिस दिन उसके (नरेंद्र के) भीतर नारायण को नहीं देखेगा, उस दिन उसका मुख देखने की भी तुझे इच्छा नहीं होगी।"

❑

# गुरु-शिष्य का प्रेम

एक दिन श्रीरामकृष्ण व्याकुल भाव से मंदिर के प्रांगण में घूम रहे थे और माँ काली से विनती कर रहे थे, "माँ! मैं उसे देखे बिना नहीं रह सकता।"

वास्तव में वे नरेंद्र से बहुत प्रेम करते थे। जब भी नरेंद्र उनसे मिलने जाते थे, श्रीरामकृष्ण उनसे पहले भजन सुनते और फिर उन्हें खूब खिलाते-पिलाते। जब काफी दिनों तक नरेंद्र उनसे मिलने नहीं आते थे, तब वे स्वयं शहर जाकर उनसे भेंट करते थे। उन्होंने सुरेंद्रनाथ के घर नरेंद्र से हुई प्रथम भेंट में ही यह परख लिया था कि नरेंद्र एक सत्यनिष्ठ और दृढ़चरित्र युवक है। उसमें लोकनायक बनने की सभी योग्यताएँ हैं।

रामकृष्ण किसी को अपना शिष्य बनाने से पूर्व उसे जाँच-परख लेते थे। उनकी अभिलाषा थी कि नरेंद्र युग-कार्य करे। नरेंद्र दृढ़ संस्कारवाला असाधारण युवक था। उनके बाहरी आचरण से रामकृष्ण के शिष्य उन्हें उद्दंडी, हठी, दंभी तथा अनाचारी समझते थे।

एक दिन की बात है—केशवचंद्र सेन, विजयकृष्ण गोस्वामी आदि ब्रह्मसमाज के कुछ प्रसिद्ध नेता रामकृष्ण के पास बैठे थे। नरेंद्र भी वहाँ पर मौजूद थे। कुछ देर बातचीत करने के बाद ब्रह्मसमाज के नेतागण चले गए। तब रामकृष्ण ने अपने शिष्यों से कहा, "मैंने भाव में देखा, केशव ने जिस एक शक्ति के बल पर प्रतिष्ठा प्राप्त की है, नरेंद्र में वैसी अठारह शक्तियाँ हैं। कृष्णा और विजय के मन में ज्ञानद्वीप जल रहे हैं। नरेंद्र में ज्ञान-सूर्य प्रकाशमान है।"

अपनी प्रशंसा सुनकर भी नरेंद्र खुश नहीं हुए और प्रतिवाद करते हुए बोले, "यह आप क्या कह रहे हैं! कहाँ विश्वविख्यात केशव सेन और कहाँ स्कूल का एक नगण्य लड़का नरेंद्र! लोग सुनेंगे तो आपको पागल कहेंगे।"

इस पर रामकृष्ण ने हँसते हुए शांत स्वर में कहा, "मैं क्या कर सकता हूँ। माँ ने दिखा दिया, इसलिए कहता हूँ।"

"कैसे मानूँ माँ ने कहा है? मुझे तो लगता है कि आपके मस्तिष्क का खयाल है। पाश्चात्य विज्ञान तथा दर्शन ने इस बात को प्रमाणित कर दिया है कि कान, नाक, आँख आदि इंद्रियाँ कई बार हमें भ्रमित कर देती हैं। कदम-कदम पर हमें धोखा देती हैं। आपको मुझसे प्रेम है। इसी कारण प्रत्येक में आप मुझे बड़ा देखना चाहते हैं, इसलिए आपको ऐसे दर्शन होते हैं।"

नरेंद्र प्रत्येक बात को तर्क की कसौटी पर परखकर ही विश्वास करते थे। नरेंद्र की कटु बातों से भी रामकृष्ण कभी रुष्ट नहीं होते थे, बल्कि इसके विपरीत नरेंद्र के प्रति उनका प्रेम गहराता जा रहा था।

रामकृष्ण अद्वैत सिद्धांत, अर्थात् ब्रह्म की एकता-सूचक शिक्षा देते थे। नरेंद्र उस पर कभी ध्यान नहीं देते थे, बल्कि कई बार उनका मजाक उड़ाते हुए कहते थे, "क्या यह संभव है? कटोरा, लोटा इत्यादि ईश्वर हैं, जो भी दिखाई देता है, वह ईश्वर है।"

नरेंद्र की ऐसी आलोचनाएँ रामकृष्ण के शिष्यों से सहन नहीं होती थीं, लेकिन नरेंद्र की तीव्र आलोचना तथा उसके आवेगमय तर्क श्री रामकृष्ण को आनंदित कर देते थे।

हालाँकि गुरु-शिष्यों के मध्य वैचारिक मतभेद था, फिर भी दोनों में दिनोदिन घनिष्ठता बढ़ती ही जा रही थी।

❑

# ब्रह्मसमाज का त्याग

बहुत समय बीतने के बाद नरेंद्र दक्षिणेश्वर नहीं आए। रामकृष्ण उन्हें देखने के लिए व्याकुल हो उठे। रविवार का दिन था, नरेंद्र से मिलने वे शहर की ओर चल दिए। मार्ग में उन्होंने सोचा, 'आज रविवार है, नरेंद्र शायद घर पर न मिले, लेकिन शाम को कदाचित् ब्रह्मसमाज की उपासना में भजन गाने जाए।'

ऐसा सोचकर रामकृष्ण शाम के समय ब्रह्मसमाज के उपासक भवन में जाकर नरेंद्र को खोजने लगे। आचार्य वेदी पर उन्हें नरेंद्र खड़ा दिखाई दिया। नरेंद्र व्याख्यान दे रहा था। सरल-स्वभावी रामकृष्ण वेदी की ओर बढ़ गए।

उपस्थित सज्जनों में से कई ने उन्हें पहचान लिया। उन्हें देखते ही कानाफूसी शुरू हो गई और लोग उचक-उचककर उन्हें देखने लगे।

रामकृष्ण वेदी के निकट पहुँचकर अचानक भावाविष्ट हो गए। उन्हें इस अवस्था में देखने की लोगों में और भी उत्सुकता बढ़ी। उपासना-गृह में गड़बड़ होती देखकर संचालकों ने गैस की बालियाँ बुझा दीं। अँधेरा हो जाने के कारण जनता में मंदिर से निकलने के लिए हड़बड़ी मच गई।

नरेंद्र समझ गया था कि रामकृष्ण यहाँ मुझे देखने की लालसा में आए हैं। उसने अँधेरा होते ही उन्हें सँभाल लिया। रामकृष्ण की समाधि भंग हुई, तो वे किसी तरह उन्हें पिछले दरवाजे से बाहर निकाल लाए और गाड़ी में बैठाकर दक्षिणेश्वर पहुँचाया।

रामकृष्ण के साथ ब्रह्म सदस्यों की अशिष्टता तथा उनका अभद्र व्यवहार देखकर नरेंद्र को गहरा सदमा पहुँचा। उन्होंने उसी दिन ब्रह्मसमाज को त्याग दिया।

❑

# महर्षि देवेंद्रनाथ से भेंट

नरेंद्र की प्रवेशिका परीक्षा के कुछ दिनों बाद से ही सम्मिलित परिवार में विवाद बढ़ जाने एवं चाचा के परिवार के उत्पीड़न से विश्वनाथ सपरिवार एक किराए के मकान में रह रहा था। नरेंद्रनाथ मुख्य रूप से उसके बाहरी हिस्से के दो-मंजिले के एक कमरे में रहकर अध्ययन आदि करते थे। वहाँ असुविधा होने के कारण वे अपनी नानी के मकान के एक कमरे में रहकर अपने उद्देश्य-साधना में लगे रहते। उनके पिता एवं आत्मीय जन सोचते, अनेक भाई-बहिनों के शोरगुल से भरे अपने घर में अध्ययन में असुविधा होने के कारण ही नरेंद्र वहाँ करता है।

इन्हीं दिनों उन्होंने ब्रह्मसमाज में भी आना-जाना शुरू कर दिया। उन दिनों वे निराकार-सगुण ब्रह्म में विश्वास करते थे। इस प्रकार के ध्यान में अधिक समय बिताया करते थे। वे सोचते, ईश्वर जब सचमुच है, तब मात्र तर्कयुक्ति की अनिश्चित आधारभूमि में बँधे न रहकर साधक के हृदय में प्रत्यक्ष अनुभूति के द्वारा प्रकट होंगे, मनुष्य के हृदय की आकुल पुकार का उत्तर देकर उसके सारे संदेहों को दूर करेंगे। इस प्रकार की ईश्वरानुभूति के बिना जीवन मात्र एक विडंबना है।

महर्षि देवेंद्रनाथ की निकटता के कारण उनकी ध्यान-प्रवणता और अधिक बढ़ गई थी। विद्यालय में पढ़ने के समय ही महर्षि से उनका परिचय हुआ था। इसी साधारण परिचय के आधार पर नरेंद्रनाथ एक दिन अपने समवयस्क साथियों के साथ महर्षि के समक्ष उपस्थित हुए। उन्होंने युवकों को स्नेहपूर्वक अपने निकट बैठाकर अनेक उपदेश दिए तथा ध्यानाभ्यास करने को कहा।

उन्होंने उस दिन नरेंद्र को लक्ष्य कर कहा था, "तुम में योगी के सारे लक्षण दिखाई देते हैं। ध्यानाभ्यास करने पर योगशास्त्र में उल्लिखित सारे फल तुम शीघ्र ही प्राप्त करोगे।"

यहाँ ब्रह्मसमाज के साथ नरेंद्र के संपर्क के विषय में कुछ कहना आवश्यक हो जाता है। इस विषय में 'युगांतर' पत्रिका (बँगला) में प्रकाशित (11 अगस्त, 1963) श्रीयुत नलिनीकुमार भद्र के 'स्वामी विवेकानंद और रविंद्र संगीत' शीर्षक निबंध से कतिपय तथ्य नीचे उद्धृत किए हैं, "नरेंद्रनाथ जब प्रवेशिका वर्ग के छात्र थे, तब से ही बेनी उस्ताद के निकट उनकी शास्त्रीय संगीत शिक्षा शुरू हुई। सन् 1879 से ही उन्होंने ब्रह्मसमाज में आना-जाना शुरू किया था। उधर जोड़ासांको के ठाकुर-गृह में उन दिनों पूरे जोर-शोर से उच्चांग संगीत का अभ्यास चल रहा था। इस परिवार के साथ भारत के सर्वश्रेष्ठ संगीत-मर्मज्ञ श्री यदु भट्ट का संपर्क स्थापित हो गया था। महर्षि के पुत्रगण, विशेषकर ज्योतिरिंद्रनाथ और रवींद्रनाथ ध्रुपद गीतों की रचना के द्वारा ब्रह्मसमाज के संगीत भंडार को भर रहे थे।

"1881 ई. के 15 श्रावण को जब साधारण ब्रह्मसमाज के मंदिर में पूर्ण आडंबर और शोभापूर्वक राजनारायण बसु की चतुर्थ कन्या लीलादेवी के साथ 'संजीवनी' पत्रिका के भावी प्रतिष्ठाता कृष्ण कुमार मित्र का विवाह हुआ, तब रवींद्रनाथ ने तीन ध्रुपदांग संगीत की रचना कर नरेंद्रनाथ आदि को सिखा दिया। यथासमय डॉ. सुंदरीमोहन दास, केदारनाथ मित्र, अंध चुन्नीलाल तथा नरेंद्रनाथ ने रवींद्ररचित 'दुई हृदयेर नदी' (सहाना, झंपताल), 'जगतेर पुरोहित तुमि' (खंबाज एकताल) 'शुभदिन एमेछो दोहे' (विहाग, तिताल)–इन तीनों गीतों और अन्य गीतों को गाया था। यह भी स्मरण रखने योग्य है कि कुछ वर्षों बाद जब नरेंद्रनाथ ने भूमिका सहित एक संगीत-संग्रह ग्रंथ तैयार किया तथा बड़तला के चंडीचरण बसाक ने इसे प्रकाशित किया, तब उस ग्रंथ में 'दुई हृदयेर नदी' के साथ ही रवींद्ररचित दस गीतों तथा और भी अनेक ब्राह्मण-संगीतों ने स्थान पाया था।"

❑

# नरेंद्र की परीक्षा

रामकृष्ण परमहंस ने नरेंद्र की परीक्षा लेने के लिए ऐसा भाव अपनाया कि वे नरेंद्र के दक्षिणेश्वर आने पर उनकी ओर तनिक भी ध्यान नहीं देते थे। न उनके गीत सुनते और न ही बातचीत करते। नरेंद्र ने भी इसकी कोई परवाह नहीं की। वे दक्षिणेश्वर आते और शिष्यों से हँस-बोलकर लौट जाते। प्रतापचंद्र हाजरा से नरेंद्र की काफी घनिष्ठता हो गई थी।

इस तरह नरेंद्र को वहाँ आते-आते करीब एक माह हो गया।

एक दिन हाजरा से बात करने के पश्चात् नरेंद्र कुछ देर के लिए रामकृष्ण के पास जाकर बैठ गए। जब नरेंद्र उठकर जाने लगे, तो रामकृष्ण ने कहा, "जब मैं तुझसे बात नहीं करता, तो यहाँ किसलिए आता है?"

नरेंद्र ने शांत भाव से कहा, "आपको चाहता हूँ, इसलिए देखने आता हूँ, आपकी बातें सुनने नहीं आता।"

नरेंद्र का उत्तर सुनकर रामकृष्ण आनंद से गद्‌गद हो उठे।

अपने प्रति रामकृष्ण का इतना प्रेम देखकर एक दिन नरेंद्र ने उनसे उपहास करते हुए कहा, "पुराण में लिखा है, एक राजा दिन-रात अपने पालित हिरण की बात सोचते-सोचते मृत्यु को प्राप्त हुआ और अगले जन्म में हिरण बना। आप मुझसे जितना प्रेम करते हैं, उससे आपकी भी वही गति होगी।"

रामकृष्ण किसी बालक की भाँति चिंतित होकर बोले, "तू ठीक कहता है, ठीक ही तो कहता है, अब क्या होगा? मैं तुझे देखे बिना नहीं रह सकता।"

रामकृष्ण के मन में संदेह उत्पन्न हो गया। वे तुरंत काली मंदिर में माँ के पास गए और कुछ क्षण बाद हँसते हुए लौट आए। उन्होंने नरेंद्र

से कहा, "अरे मूर्ख, मैं तेरी बात नहीं मानूँगा। माँ ने कहा है–तू उस नरेंद्र को साक्षात् नारायण मानता है, इसलिए प्रेम करता है। जिस दिन उसके भीतर नारायण नहीं देखेगा, उस दिन उसका मुख देखने की भी तुझे इच्छा नहीं होगी।"

जिन दिनों नरेंद्र की भेंट रामकृष्ण से हुई, तब वे एफ.ए. की परीक्षा दे रहे थे। तब तक उन्होंने पाश्चात्य न्याययिकों के मतवाद का अध्ययन कर लिया था। दक्षिणेश्वर जाते-आते समय भी उन्होंने विज्ञान तथा पाश्चात्य दर्शन का अध्ययन जारी रखा। बी.ए. उत्तीर्ण करते-करते उन्होंने ह्यूम और बेनथैन की नास्तिकता, देकार्त का अहंवाद, डार्विन का विकासवाद, आदर्श समाज की अभिव्यक्ति, स्पिनोजा का अद्वैत। चिद्वस्तुवाद, काम्टे व स्पेंसर का अज्ञेयवाद आदि के संबंध में काफी ज्ञान अर्जित कर लिया था।

जर्मन दार्शनिक के विषय में भी उन्होंने कुछ पढ़ा था। इसके अतिरिक्त वे मेडिकल कॉलेज में जाकर स्नायु व मस्तिष्क की गठन प्रणाली को समझने के लिए व्याख्यान सुनते थे और उन विषयों का अध्ययन भी करते थे। लेकिन फिर भी उनकी ज्ञान-पिपासा शांत नहीं हुई, अपितु और भी बढ़ती गई।

❑

# जीवन का लक्ष्य

पाश्चात्य शिक्षा के प्रभाव से नरेंद्र ने अतीत को भुलाकर वर्तमान में रहना सीखा था। उन्होंने बाइबिल भी पढ़ी थी, किंतु संस्कृत का ज्ञान न होने के कारण उपनिषद्, गीता आदि ग्रंथों का अध्ययन नहीं कर पाए थे। नरेंद्र जानते थे, पाश्चात्य संस्कृति और भारतीय संस्कृति में क्या अंतर है और उनकी उपयोगिता है, किंतु उन्हें किसी भी धर्म-संस्था में त्याग एवं सत्यनिष्ठा के दर्शन नहीं हुए। भावावेश में आनंदविभोर हो जाने वाले रामकृष्ण का अद्वैतवाद ही ऐसा था, जो आत्मत्यागी और सत्यनिष्ठ युवकों को अपनी ओर आकृष्ट कर रहा था; लेकिन नरेंद्र की तर्कबुद्धि उससे भी अपना सामंजस्य स्थापित नहीं कर पा रही थी।

अठारह वर्ष की आयु में उन्होंने रामकृष्ण के पास जाना आरंभ किया था। बी.ए. उत्तीर्ण करते समय वे इक्कीस वर्ष के हो चुके थे। धन, ऐश्वर्य, वासना, सुख-भोग की उन्होंने कभी इच्छा नहीं की थी। सत्य की खोज तथा राष्ट्रीय एवं मानव जाति का कल्याण ही उनके जीवन का परम लक्ष्य था। नरेंद्र ने जब बी.ए. की परीक्षा भी नहीं दी थी, उनके पिता ने उन्हें प्रसिद्ध अटार्नी निमाईचरण बसु के पास भेजना शुरू कर दिया था, ताकि वे भी कानून की शिक्षा पाकर उनके जैसे सफल वकील बन सकें। इसके अलावा उनकी यह भी इच्छा थी कि वे रामकृष्ण के चक्कर में न फँसकर अपनी गृहस्थी बसा लें। इस कार्य में उन्होंने नरेंद्र के सहपाठियों का भी सहयोग लिया।

एक दिन नरेंद्र किराए के अपने 'तंग' कमरे में बैठे पठन-पाठन में लीन थे। उनका एक मित्र विश्वनाथ के कहने पर नरेंद्र से मिलने आया और गंभीर स्वर में बोला, "नरेंद्र, तुम्हारी यह आयु साधु-संगत, धर्म-अर्चना की नहीं है। इन व्यर्थ की बातों को छोड़कर सांसारिक वस्तुओं का उपभोग करो।"

नरेंद्र कुछ पल विचार करने के बाद बोले, "मैं संन्यासी जीवन को मानव जीवन का सर्वोच्च आदर्श मानता हूँ। परिवर्तनशील अनित्य संसार के सुख की कामना में इधर-उधर भटकने की अपेक्षा मैं उस अपरिवर्तनीय 'सत्यं-शिवं-सुंदरम्' के लिए प्राणपण से प्रयास करना अति उत्तम समझता हूँ।"

नरेंद्र की बात का प्रतिवाद करते हुए मित्र ने कहा, "नरेंद्र, अपनी प्रतिभा और बुद्धि के प्रयोग से उन्नति करो। संसार में आए हो तो जीवन का सही अर्थ पहचानो। दक्षिणेश्वर के रामकृष्ण ने तुम्हारी बुद्धि खराब कर दी है। यदि अपनी खैर चाहते हो तो उस पागल का साथ छोड़ दो, अन्यथा तुम्हारा सर्वनाश निश्चित है।"

उनका मित्र न जाने रामकृष्ण के विषय में क्या-क्या कहता रहा। अंत में नरेंद्र बोले, "भई, उस महापुरुष को तुम क्या समझ पाओगे, जब इतने वर्षों में मैं ही नहीं समझ पाया।"

अंत में मित्र को हार माननी पड़ी।

ब्रह्मसमाज के कई युवा सदस्य रामकृष्ण के शिष्य बन गए। ब्रह्मसमाज के नेता शिवनाथ इस स्थिति से व्यग्र हो उठे। एक दिन उन्होंने नरेंद्र को दक्षिणेश्वर जाने से रोकते हुए कहा, "वह सब समाधि भाव जो तुम देखते हो, सब स्नायु की दुर्बलता के चिह्न हैं। अत्यधिक शारीरिक कठोरता का अभ्यास करने से रामकृष्ण का मस्तिष्क विकृत हो गया है।" शिवनाथ बाबू की बात सुनकर नरेंद्र ने कोई उत्तर नहीं दिया और चुपचाप चला आया, लेकिन मन में तूफान उठ रहा था। वह सोचने लगा, "आखिर यह सरल हृदय महापुरुष क्या है? क्या वास्तव में वह विकृत मस्तिष्क है, आखिर मेरे जैसे तुच्छ मनुष्य से उसे इतना लगाव क्यों है? आखिर रहस्य क्या है?"

**ब्रह्मसमाज के अधिकांश नेताओं से नरेंद्र परिचित था और उनकी विद्वत्ता से भी प्रभावित था, किंतु फिर भी उसके मन में जितनी श्रद्धा रामकृष्ण के प्रति थी, उन सबके प्रति नहीं थी।**

❑

# अँगरेजी भाषण

विद्यालय में पढ़ने के समय ही नरेंद्रनाथ की वाक् शक्ति जाग्रत् हो गई थी। एक बार मेट्रोपोलिटन इंस्टीट्यूट में पुरस्कार वितरण के लिए जो सभा आयोजित हुई, उसके साथ ही एक प्रिय शिक्षक की सम्मानपूर्वक विदाई का आयोजन हुआ। छात्रों ने कहा कि उनकी ओर से नरेंद्र को विदाई अभिभाषण देना होगा, और वह भी अँगरेजी में।

नरेंद्र उन दिनों अँगरेजी भाषा और साहित्य का गहन अध्ययन करता था और मित्रों ने उसको सुना भी था। किंतु वह एक सामान्य बात थी और प्रकट रूप में सभा में भाषण देना अलग बात थी, जिसका सभापतित्व का पद सुशोभित कर रहे थे श्रीयुत सुरेंद्रनाथ बंद्योपाध्याय। आखिर निर्भीक नरेंद्र सहमत हुआ और यथा अवसर खड़े होकर आधे घंटे तक उक्त शिक्षक के स्थानांतरण से छात्रगण कितने दुःखी हैं और विद्यालय की कितनी क्षति हुई आदि विषयों पर विशुद्ध एवं सुललित अँगरेजी भाषा में व्याख्यान दिया।

उसके भाषण के बाद सभापति महोदय ने नरेंद्र की प्रशंसा की। बहुत दिनों के बाद स्वामीजी की वक्तृताशक्ति के विषय में सुरेंद्रनाथ ने अपना मंतव्य प्रकट किया था, "भारतवर्ष में मैंने जिन वक्ताओं को देखा है, उनमें वे सर्वोत्तम थे।" इसमें आश्चर्यचकित होने की कोई बात नहीं है, क्योंकि भगवान् तभी से उन्हें अपने हाथों से गढ़ रहे थे तथा अनेक परिस्थितियों के द्वारा उनकी शक्ति के उद्घाटन की व्यवस्था कर रहे थे। ❑

# नरेंद्र की जीत

एकरसता उनसे सहन नहीं होती थी, अतः नित्य नवीन आनंद के उपाय की खोज करनी पड़ती थी। तब यहाँ यह कह देना भी आवश्यक है कि उनके स्वभाव में जैसी एक स्वाभाविक पवित्रता थी तथा परिवार की सुशिक्षा ऐसी सुंदर थी कि उनके पाँव कभी बेताल नहीं पड़ पाते थे। साथियों में किसी के अवांछनीय रहने पर भी वह उन्हें प्रभावित करने में समर्थ नहीं हो पाते। निर्मल आनंद की खोज में व्यस्त रहकर उन्होंने एक बार अपनी पसंद का एक थियेटर दल गठित कर लिया और अपने मकान के पूजाघर के बरामदे में कई बार अभिनय किया। किंतु अपने एक छोटे चाचा के द्वारा इस विषय में आपत्ति करने पर थियेटर की स्टेज के बदले मकान के प्रांगण में व्यायाम के लिए एक अखाड़ा तैयार किया। मित्रगण वहाँ नियमित व्यायाम करते थे। दुर्भाग्यवश वहाँ एक चचेरे भाई का कसरत करते समय हाथ टूट गया। इसी से चाचा ने व्यायाम के सारे सामान नष्ट कर दिए। फलतः अखाड़ा भी बंद हो गया।

इसके बाद नरेंद्रनाथ ने अपने पड़ोसी नवगोपाल बाबू के जिमनास्टिक के अखाड़े में नाम लिखवाया। नवगोपाल बाबू हिंदू मेला के प्रवर्तक और हिंदुओं की सर्वांगीण उन्नति के आकांक्षी थे। उपयुक्त स्थान पाकर नरेंद्र ने शरीर को सबल-सशक्त बनाने में मन लगाया। अखाड़ा कॉर्नवालिस स्ट्रीट के ऊपर स्थित था। अखाड़े के सदस्य के रूप में नरेंद्रनाथ ने लाठी भाँजने, तलवार चलाने, तैरने, कुश्ती तथा अन्य व्यायामों में दक्षता प्राप्त की। एक बार व्यायाम प्रदर्शन में उन्होंने मुक्केबाजी में प्रथम पुरस्कार के रूप में एक चाँदी की तितली प्राप्त की थी।

लाठी भाँजने में उन्हें अधिक रुचि थी। अखाड़े में एवं अखाड़े के बाहर कुछ मुसलमान उस्तादों की सहायता से उन्होंने इस विद्या में विशेष

निपुणता प्राप्त की थी। उनकी उम्र जब दस वर्ष की थी और वे मेट्रोपोलिटन स्कूल में पढ़ते थे, तब एक मेले के उपलक्ष्य में जिमनास्टिक का खेल दिखाया गया। दर्शक के रूप में नरेंद्र वहाँ उपस्थित थे। दूसरे खेलों के बाद लाठी भाँजने का खेल चलने पर जब उत्साह में कमी आ गई, तब नरेंद्र ने अकस्मात् कहा, खेलने वालों में जो कोई मेरे विरोध में खड़ा होना चाहे, मैं उन्हीं के साथ खेलने को तैयार हूँ।

खिलाड़ियों में जो सबसे अधिक बलवान थे, वे ही आगे आए और ठक्-ठक् शब्द के साथ प्रतिद्वंद्विता शुरू हुई। नरेंद्र की अपेक्षा दूसरे व्यक्ति के उम्र और शक्ति में अधिक प्रबल होने के कारण परिणाम एक प्रकार से निश्चित ही था। तथापि बालक के कौशल और साहस को देखकर पल-पल प्रशंसा की वर्षा होने लगी। इधर नरेंद्र ने पैंतरा बदलते-बदलते अचानक कुशलतापूर्वक घोर आवाज करते हुए प्रतिद्वंद्वी पर एक ऐसा आघात किया कि उनके हाथ की लाठी दो टुकड़े होकर जमीन पर गिर गई। नरेंद्र की शिक्षा सार्थक हुई। वे जीत गए और फिर दर्शकों के आनंद की सीमा न रही।

❑

# पिता का देहांत

समय के साथ-साथ सबकुछ ठीक ही चल रहा था कि अचानक एक दिन हृदयाघात के कारण नरेंद्र के पिता का देहांत हो गया।

नरेंद्र के पिता की मृत्यु मानो परिवार के लिए अभिशाप सिद्ध हुई। पूरे परिवार पर जैसे मुसीबतों का पहाड़ टूट पड़ा।

विश्वनाथजी का हाथ बहुत खुला था, जो कमाते, खर्च कर देते थे। उन पर कुछ कर्जा भी हो गया था। उनकी मृत्यु का समाचार सुनते ही कर्ज देने वाले आ धमके। बड़ी मुश्किल से उन्हें समझाया गया और कर्ज चुकाने के लिए अग्रिम समय ले लिया, किंतु अब सबसे बड़ी समस्या थी, परिवार के भरण-पोषण की। नरेंद्र के परिवार में छह-सात सदस्य थे। बेटों में सबसे बड़े होने के कारण उन पर सारी जिम्मेदारियों का बोझ आ गया था।

पहली बार नरेंद्र को एहसास हुआ कि दरिद्रता क्या होती है। पिता के जीवनकाल में उन्होंने ऐशो-आराम की भले ही कामना नहीं की थी, किंतु उन्हें किसी बात की चिंता भी तो नहीं थी। अब उनके लिए भोजन का प्रबंध करना भी एक बड़ी समस्या बन गई थी।

संकट की इस घड़ी में उनके सभी मित्रों ने किनारा कर लिया था। उन्हें कई दिनों तक भूखे-प्यासे रहना पड़ता था। नौकरी की तलाश में पूरे दिन नंगे पैर भटकते रहते थे। उन दुःखपूर्ण दिनों के विषय में स्वयं नरेंद्र ने सविस्तार वर्णन किया है-

"भूख से बुरा हाल था। एक दफ्तर से दूसरे दफ्तर नंगे पैर भाग-दौड़ करता, मगर सब तरफ घृणा के अलावा कुछ नहीं मिला। उन दिनों मानव की सहानुभूति का अनुभव पाया। जीवन की वास्तविकताओं के साथ यह मेरा प्रथम परिचय था। मैंने देखा-संसार में कमजोर-निर्धन तथा परित्यक्तों के लिए कोई जगह नहीं है। वे लोग, जो कुछ ही दिन

पहले मेरी सहायता करने में गर्व अनुभव करते थे, उन्होंने सहायता करने की सामर्थ्य होते हुए भी मुँह मोड़ लिया। यह संसार मुझे शैतान की सृष्टि दिखाई देने लगा। एक दिन तपती दोपहर को जब मुझसे अपने पैरों पर खड़ा नहीं हुआ गया तो मैं एक स्मारक की छाया में बैठ गया। वहाँ पर मेरे कई मित्र भी बैठे थे, उनमें से एक मित्र ईश्वर का गुणगान करने लगा। वह गीत मुझे खुद पर गहरा प्रहार सा लगा। अपने भाइयों तथा माता की असहाय अवस्था का ध्यान आते ही मैं चीख पड़ा, 'बंद करो यह गीत! जो धनवानों के घर पैदा हुए हैं और जिनके माँ-बाप भूखे नहीं मर रहे, उन्हें तुम्हारा गीत प्रिय लगेगा। कभी मैं भी ऐसा ही सोचता था। मगर आज मैं जीवन की कठोरताओं का सामना कर रहा हूँ। यह गीत मेरे दुःखमय जीवन पर उपहासकारी चो‿ कर रहा है।'

"कई बार मैंने देखा कि घर पर खाने के लिए पर्याप्त भोजन नहीं होता था। ऐसे समय में मैं माँ से झूठ ही कह देता कि मुझे मेरे मित्र ने भोजन पर आमंत्रित किया है और मैं भूखा रह जाता था। हालाँकि मेरे धनी मित्र मुझे अपने घर खाने के लिए आमंत्रित करते थे, मगर उनमें से किसी ने भी मेरे दुर्भाग्य-काल में मेरा सहयोग नहीं किया। मैंने भी अपनी अवस्था का जिक्र किसी से नहीं किया।"

❑

# ईश्वर के प्रति विद्रोह

नरेंद्र का चरित्र अपनी माँ से बहुत प्रभावित था। वे एक धर्मपरायण महिला थीं। मगर इस घोर विपत्ति में उनका विश्वास भी डोल गया। उन्होंने नरेंद्र को ईश्वर-उपासना करते देखकर डाँट दिया कि वह पूजा न करे।

माँ की बात सुनकर नरेंद्र सोच में पड़ गया, 'क्या वास्तव में भगवान् हैं? यदि हैं, तो वह मेरी प्रार्थना क्यों नहीं सुनते?'

उसके मन में ईश्वर के प्रति विद्रोह जाग उठा। नरेंद्र अपने मनोभाव दूसरों के सामने व्यक्त करने में तनिक भी नहीं हिचकिचाते थे। उन्होंने ईश्वर के प्रति अपने विद्रोहात्मक उद्‍गार भी परिचितों के समक्ष प्रकट कर दिए, परिणामस्वरूप नरेंद्र की चारों ओर निंदा होने लगी। लेकिन नरेंद्र को दूसरों द्वारा की गई निंदा-प्रशंसा से कोई सरोकार नहीं था। सर्दी, गरमी, बरसात मौसम-पर-मौसम बीत रहे थे, लेकिन नरेंद्र को कहीं काम नहीं मिला।

एक दिन रामकृष्ण कलकत्ता आए। नरेंद्र भी उनके दर्शन करने गया। रामकृष्ण से आग्रहपूर्वक दक्षिणेश्वर ले आए। वहाँ रामकृष्ण नरेंद्र व अपने अन्य भक्तों के साथ कमरे में बैठ गए। रामकृष्ण भावावेश में विलाप करने लगे।

उस समय की दशा का वर्णन नरेंद्र ने अपने शब्दों में इस प्रकार किया है, "मैं अन्य लोगों व ठाकुरजी (श्रीरामकृष्ण) के साथ एक कमरे में बैठा था। अचानक ठाकुर को भावावेश हुआ, देखते-ही-देखते वे मेरे निकट आ गए और मुझे प्रेम से पकड़कर आँसू बहाते हुए गीत गाने लगे। जिसका सार था, 'बात कहने में डरता हूँ, न करने में भी डरता हूँ। मेरे मन में संदेह होता है कि शायद तुम्हें खो दूँ। अंतर की प्रबल भावराशि को मैंने अब तक रोक रखा था। अब उसका वेग मैं सँभाल नहीं पा

रहा।' ठाकुर की तरह मेरी आँखों से भी अश्रुधारा बह निकली। हमारे इस आचरण से वहाँ बैठे लोग अवाक् रह गए।"

भावनाओं के वेग से बाहर निकलने पर ठाकुर ने हँसते हुए कहा, "हम दोनों में वैसा कुछ हो गया है।"

जब सब लोग चले गए, तो उन्होंने मुझसे कहा, "मुझे पता है, तू माँ के काम से संसार में आया है। संसार में तू सदा नहीं रहेगा। इसलिए जब तक मैं हूँ, मेरे लिए तब तक तू रह।" इतना कहकर ठाकुर पुनः रोने लगे।

श्रीरामकृष्ण परमहंस की बात सुनकर नरेंद्र कलकत्ता लौट आए। यह तो नरेंद्र को भी अनुभव होने लगा था कि उनका जन्म साधारण मनुष्यों की भाँति धनोपार्जन के लिए नहीं हुआ है।

❑

# स्वप्न

नरेंद्र अकसर कलकत्ता में अपने घर में बैठकर सुदूर दक्षिणेश्वर में श्रीरामकृष्ण के ध्यान में निमग्न श्रीमूर्ति का दर्शन किया करते थे। एक दिन उन्होंने स्वप्न में देखा कि श्रीरामकृष्ण उनके निकट आकर कह रहे हैं, 'चल, मैं तुझे ब्रज-गोपी श्रीराधा के समीप ले जाऊँगा।'

नरेंद्र ने अनुसरण किया। थोड़ी ही दूर जाकर श्रीरामकृष्ण ने उनकी ओर लौटकर कहा, 'और कहाँ जाएगा।' यह कहकर उन्होंने रूप-लावण्यमयी श्रीराधिका का रूप धारण कर लिया। इस दर्शन का फल यह हुआ कि यद्यपि नरेंद्र पहले कुछ ब्रह्मसमाज के गीत ही प्रायः गाया करते थे, लेकिन अब उन्होंने श्रीराधा के कृष्ण-प्रेम के, अर्थात् भगवान् के प्रति जीव के आकुलतापूर्ण अनुनय-विनय, विरह-कातरता आदि के गीत गाना भी आरंभ कर दिया। अपने गुरु-शिष्यों से उनके द्वारा इस स्वप्न के विषय में कहने पर उन लोगों ने आश्चर्य से पूछा, "क्या तुम विश्वास करते हो कि यह स्वप्न सच है?" नरेंद्र ने उत्तर दिया, "हाँ, निश्चय ही विश्वास करता हूँ।"

ध्यान के समय नरेंद्र अकसर अपनी प्रतिमूर्ति देखा करते थे कि हू-ब-हू जैसे उनके ही आकार और रूप आदि लेकर एक दूसरा व्यक्ति बैठा है तथा दर्पण में प्रतिबिंबित मूर्ति के हाव-भाव, चाल-ढाल आदि सबकुछ जैसे असली आदमी के समान हो जाता है, वैसे ही इस प्रतिमूर्ति के क्रिया-कलाप भी हू-ब-हू उसी भाँति होते। नरेंद्र सोचते, 'फिर कौन है?' श्रीरामकृष्ण को यह बतलाने पर उन्होंने उस पर कोई विशेष गंभीरता दिखाए बिना कहा था, 'ध्यान की ऊँची अवस्था में ऐसा होता ही है।'

एक बार नरेंद्र की यह इच्छा हुई कि वे भाव में निमग्न होकर इस संसार को भूल जाएँ। वे देखते थे कि नित्यगोपाल, मनमोहन आदि

श्रीरामकृष्ण के भक्तगण भगवान् का नाम-कीर्तन सुनते-सुनते बह्मज्ञान खोकर किस प्रकार धराशायी हो जाते हैं। उन्हें दु:ख होता कि वे इस तरह के ऊँचे आध्यात्मिक आनंद का भोग करने से अब तक वंचित हैं। अत: एक दिन उन्होंने श्रीरामकृष्ण से इस अतृप्ति की बात कर उसी प्रकार की भाव-समाधि के लिए प्रार्थना की। इसके उत्तर में श्रीरामकृष्ण ने स्नेहासिक्त दृष्टि से उन्हें देखते हुए कहा, "तुम इतने उतावले क्यों होते हो? उससे भला क्या आता-जाता है? बड़े सरोवर में हाथी के उतरने से कुछ हलचल नहीं होती। किंतु छोटे तालाब में उतरने से वहाँ बड़ी हलचल मच जाती है।" उन्होंने और भी स्पष्ट रूप से समझा दिया कि ये सब भक्तगण छोटे पोखर की भाँति हैं, जिनका छोटा आधार है। इन लोगों में भगवत्-भक्ति का किंचित् आवेश होते ही हृदय-सरोवर से तूफान उठने लगता है। किंतु नरेंद्र बहुत बड़े सरोवर की भाँति है, इसी से इतनी सहजता से वह विह्वल नहीं होता।

जगदंबा के निर्देश और अपनी परीक्षाओं से प्राप्त ज्ञान के फलस्वरूप श्रीरामकृष्ण नरेंद्र पर पूर्ण विश्वास करते थे। भगवत्-भक्ति की हानि से रक्षा के लिए अन्य भक्तों के आहार, विहार, शयन, निद्रा, जप, ध्यान आदि सभी विषयों पर तीक्ष्ण दृष्टि रखने पर भी वे नरेंद्र को पूरी स्वाधीनता देते थे। वे भक्तों के सामने स्पष्ट रूप से कहा करते थे, "नरेंद्र यदि उन नियमों का कभी उल्लंघन भी करे तो उसे कुछ भी दोष नहीं लगेगा। नरेंद्र नित्य-सिद्ध है, नरेंद्र ध्यानसिद्ध है, नरेंद्र के भीतर सदा ज्ञानाग्नि प्रज्वलित रहकर सब प्रकार के भोजन-दोष को भस्मीभूत कर देती है। इस कारण यत्र-तत्र जो कुछ भी वह क्यों न खाए, उसका मन कभी कलुषित या विक्षिप्त नहीं होगा; ज्ञान रूपी खड्ग से वह समस्त माया-बंधनों को काट डालता है, इसीलिए महामाया उसे किसी प्रकार वश में नहीं कर सकती।"

❑

# माँ काली की उपासना

कहते हैं कि जब बुरा समय आता है तो चारों ओर से घेर लेता है। दुर्दिनों में संयमी से संयमी व्यक्ति भी अपना संयम खो देता है, लेकिन नरेंद्र ऐसा कदापि नहीं चाहता था।

नरेंद्र अपने घर-परिवार की चिंता में, नौकरी की तलाश में भटक रहा था। आखिर उसे एक अटार्नी के ऑफिस में कुछ काम करके और कुछ पुस्तकों का अनुवाद करके थोड़े-बहुत पैसे मिलने लगे, किंतु यह आय पर्याप्त नहीं थी।

कुछ दिनों बाद मैट्रोपोलिटन स्कूल की एक शाखा घोपातला मुहल्ले में खुली। ईश्वरचंद्र विद्यासागर की सिफारिश पर नरेंद्र वहाँ प्रधानाध्यापक नियुक्त हो गए। इस तरह परिवार की समस्या काफी हद तक कम हो गई। मगर एक और बड़ी विपत्ति सामने आ गई। नरेंद्र के कुटुंबियों ने छल-बल से उनके पैतृक मकान पर कब्जा कर लिया। इस कारण नरेंद्र को अपनी माँ व भाइयों के साथ नानी के मकान में शरण लेनी पड़ी। नरेंद्र ने संबंधियों के विरुद्ध हाईकोर्ट में मुकदमा दायर कर दिया।

अनेक विपत्तियाँ एक साथ सामने आने से नरेंद्र बहुत चिंतित था। जब वह सोच-सोचकर थक गया, तो दक्षिणेश्वर जा पहुँचा। उसने रामकृष्ण से हठपूर्वक कहा, “आपको मेरी माँ व भाइयों का कष्ट दूर करने के लिए माँ जगदंबा से प्रार्थना करनी होगी।”

रामकृष्ण ने सस्नेह उत्तर देते हुए कहा, “अरे, मैंने माँ से कई बार कहा है कि माँ, नरेंद्र के दुःख-दर्द दूर कर दो। माँ कहती हैं, मैं उसके लिए कुछ नहीं करूँगी, क्योंकि वह मुझे नहीं मानता। खैर, आज मंगलवार है, मैं कहता हूँ, आज रात को काली के मंदिर में जाकर, माँ को प्रणाम करके, तू जो भी माँगेगा, माँ तुझे वही देंगी। मेरी माँ चिन्मयी ब्रह्म-शक्ति हैं, उन्होंने अपनी इच्छा से संसार का प्रसव किया है। वे चाहें

तो क्या नहीं कर सकतीं?"

श्रीरामकृष्ण परमहंस के इस विनीत आग्रह पर नरेंद्र काली माँ के मंदिर में रात्रि के समय जा पहुँचे। मगर माँ के समक्ष पहुँचते ही नरेंद्र अपने वहाँ आने का उद्‌देश्य भूल गए। माँ काली की मूर्ति दिव्य ज्योति सी जगमगा रही थी। नरेंद्र को लगा, मानो माँ सजीव रूप में उनके समक्ष खड़ी हैं।

जब नरेंद्र को अपने वहाँ आने का कारण याद आया, तो वह लज्जित हो उठा और सोचने लगा, 'कितनी लज्जाजनक बात है। मेरी कितनी बुद्धि खराब हो गई है, जो मैं जगज्जननी से सांसारिक सुख माँगने आया हूँ।'

लज्जित होकर उसने माँ को प्रणाम करते हुए कहा, "माँ, मैं और कुछ नहीं माँगता, मुझे केवल ज्ञान और भक्ति दो।"

माँ से ऐसा वरदान माँगकर नरेंद्र श्रीरामकृष्ण के पास आए, तब उन्हें अनुभव हुआ कि वह जो माँगने गए थे, वह तो माँगा ही नहीं।

जब यह बात श्रीरामकृष्ण को पता चली तो उन्होंने पुनः नरेंद्र को माँ के समक्ष जाकर माँगने को कहा। नरेंद्र ने ऐसा ही किया, किंतु फिर भी सांसारिक सुख न माँग सके।

इस तरह नरेंद्र कई बार मंदिर में गए, लेकिन हर बार माँ से ज्ञान व भक्ति ही माँगी।

नरेंद्र ने रामकृष्ण से कहा, "ठाकुर, मैं माँ से रुपया-पैसा माँगने जाता हूँ, लेकिन ये सब माँगने में मुझे लज्जा अनुभव होती है।"

रामकृष्ण ने मुसकराकर कहा, "जिस वस्तु की तुम्हें लालसा ही नहीं है, उसे तुम माँग भी कैसे सकते हो?"

नरेंद्र के लिए वह दिन नवजीवन लेकर आया। वह माँ काली को नहीं मानता था, किंतु अब मानने लगा। उसने रामकृष्ण से माँ का भजन सीखा और पूरी रात उसी भजन को गाता रहा।

मूर्तिपूजा में विश्वास न रखने वाला नरेंद्र खुद मूर्तिपूजक बन गया। ❑

# निषिद्ध भोजन

एक दिन नरेंद्र होटल में खाना खा आया और आकर श्रीरामकृष्ण देव से कहा, "महाराज, आज एक होटल में, साधारण लोग जिसे निषिद्ध कहते हैं, वह खा आया हूँ।"

श्रीरामकृष्ण ने समझ लिया कि नरेंद्र बहादुरी दिखाने के लिए वैसी बात नहीं कर रहा है, बल्कि उसने वैसा काम किया है कि यह जानकर उसे स्पर्श करने या घर का लोटा, घड़ा आदि का इस्तेमाल करने में यदि उन्हें आपत्ति हो तो पहले से ही सावधान कर देने के लिए वैसा कह रहा है। ऐसा समझकर श्रीरामकृष्ण ने उत्तर दिया, "तुझे उसका दोष नहीं लगेगा। मांस खाकर भी यदि कोई भगवान् में मन लगाता है, तो वह पवित्र हो जाता है। और साग-भाजी खाकर यदि विषय-भोग में डूबा रहे, तो वह मांस खाने वाले की अपेक्षा किसी तरह से कम नहीं है। तूने निषिद्ध वस्तु खाई है, उससे मुझे कुछ भी बुरा मालूम नहीं हो रहा है।"

श्रीरामकृष्ण नरेंद्रनाथ की परीक्षा लेते, उन पर विश्वास करते, उन्हें प्यार करते और प्रेमपूर्वक अध्यात्म के जीवन-पथ पर बढ़ने का उपदेश करते। यह श्रीरामकृष्ण की अपनी स्नेह सिक्त नियमन की रीति थी। कई क्षेत्रों में यह रीति रंग-रस का रूप भी धारण कर लेती थी।

नरेंद्र ने एक बार श्रीरामकृष्ण के समक्ष कुछ भक्तों के विश्वास की अंधविश्वास कहकर निंदा की। इस पर श्रीरामकृष्ण ने कहा था, "विश्वास में 'अंधा' क्या होता है? विश्वास की भी क्या आँखें होती हैं? या तो विश्वास कह या फिर ज्ञान कह। 'अंधा' और 'आँखवाला' विश्वास ये सब क्या हैं?"

शुरू-शुरू में नरेंद्रनाथ काली, कृष्ण आदि देवी-देवताओं को नहीं मानते थे और अद्वैतवाद को भी स्वीकार नहीं करते थे। "सभी ब्रह्म है।" इस बात को सुनकर उन्होंने परिहास करते हुए कहा था, "क्या ऐसा भी

कभी संभव है? ऐसा होने पर तो लोटा भी ब्रह्म है और कटोरा भी ब्रह्म है!" सगुण-निराकार, ब्रह्म की द्वैत भाव से उपासना करने वाले नरेंद्र जीवन और ब्रह्म में अभेद है, इसे स्वीकार करने में संकोच का अनुभव करता और कहता, "नास्तिकता से यह किस प्रकार भिन्न है? सृष्टि जीव अपने को सृष्टा समझे, इससे अधिक पाप और क्या हो सकता है? ग्रंथकर्ता ऋषि-मुनियों का मस्तिष्क अवश्य ही विकृत हो गया था, नहीं तो ऐसी बातें वे कैसे लिख सकते थे?" स्पष्टवादी नरेंद्र के स्वरूप के प्रति स्थिर दृष्टि रखने वाले श्रीरामकृष्ण इस प्रकार की विपरीत आलोचना से भी विचलित हुए बिना केवल हँसते और अपने योग्य शिष्य की स्वतंत्र विचारधारा को जबरदस्ती नहीं बदलकर तर्कपूर्ण कोमल प्रतिवाद के स्वर में कहा करते, "तू इस समय उनकी बातें न लेना चाहे तो न ले, पर ऋषि-मुनियों की निंदा और ईश्वर के स्वरूप की इतिश्री क्यों करता है? तू सत्यस्वरूप भगवान् को पुकारता चल, उसके बाद वे जिस रूप में तेरे सामने प्रकट होंगे, उसी पर विश्वास कर लेना।"

नरेंद्र की विरोधी युक्तियों के बावजूद श्रीरामकृष्ण उन्हें श्रेष्ठ अधिकारी मानकर अद्वैतवाद के विषय में सुनाया करते तथा दक्षिणेश्वर आने पर 'अष्टावक्र संहिता' आदि अद्वैत-विषयक ग्रंथों का पाठ करते। फिर एक दिन की घटना कुछ दूसरे रूप में ही आ उपस्थित हुई।

इन सब विषयों में कालीबाड़ी निवासी श्री प्रतापचंद्र हाजरा नरेंद्र से सहमत थे। हाजरा महाशय की आर्थिक अवस्था अच्छी नहीं थी। इस कारण धर्म-लाभ के लिए ऊँची आकांक्षा रहने पर भी धन-प्राप्ति की कामना ने उनके जीवन को जटिल कर दिया था। वे दक्षिणेश्वर में रहकर साधनारत होने पर भी सिद्धि-लाभ कर अर्थ-उपार्जन की लालसा भी अपने मन में रखते थे, फिर समागत श्री रामकृष्ण के अनुरागी भक्तों को समझाना चाहते कि वे कोई कम साधू नहीं हैं। हाजरा को श्रीरामकृष्ण भली-भाँति पहचानते थे। इसी से वे युवा भक्तों को सावधान कर देते, "मूर्ख हाजरा की भारी बनियाई बुद्धि है, उसकी बात मत सुनना।" फिर भी हाजरा के साथ नरेंद्र की अच्छी मित्रता थी-तंबाकू सेवन के लिए भी और हाजरा महाशय की सहसा किसी बात को न मानकर उसके विरुद्ध तर्कयुक्ति उपस्थित करने की उपयुक्त बुद्धिमत्ता के लिए भी। दोनों के ऐसे भाव को देखकर श्रीरामकृष्ण कहते, "हाजरा महाशय नरेंद्रनाथ के 'फेरेंड' (मित्र) हैं।"

नरेंद्रनाथ के दक्षिणेश्वर आने पर आनंद की लहरें उठने लगती थीं।

नरेंद्रनाथ गीत पर गीत गाते जाते। श्रीरामकृष्ण उस पावन-पवित्र सुमधुर कंठ से आत्मतत्त्व सुनकर समाधिस्थ हो जाते और फिर अर्ध-ब्रह्मज्ञान में लीन होकर कोई विशेष गीत सुनना चाहते। अंत में नरेंद्रनाथ के मुख से भक्तिमूलक या आत्मसमर्पण-सूचक 'तुझसे हमने दिल को लगाया, जो कुछ है सो तू ही है।' आदि अथवा ऐसे ही किसी भजन के न सुनने तक उन्हें पूर्ण परितृप्ति नहीं होती थी। इसके पश्चात् अद्वैतवाद के गंभीर तत्त्वों के संबंध में श्रीरामकृष्ण अनेक उपदेश दिया करते थे। नरेंद्रनाथ सुनते जाते थे किंतु वे उपदेश पूर्णतः समझ नहीं पाते थे। ❑

# मित्र की मदद

बी. ए. की परीक्षा के लिए फीस जमा करने का समय आ गया था। सबके रुपयों की व्यवस्था हो गई थी। केवल चोरबागान के गरीब मित्र हरिदास की व्यवस्था नहीं हो पाई थी। वह फीस जमा नहीं कर सका। इसके अतिरिक्त एक वर्ष का शुल्क भी बाकी थी। निश्चय ही इस प्रकार की विशेष अवस्था में रुपए माफ कर देने की भी व्यवस्था थी, और उसका भार राजकुमार नामक कॉलेज के एक वृद्ध किरानी पर था। हरिदास चट्टोपाध्याय ने देखा कि किसी भाँति परीक्षा-शुल्क तो दिया जा सकता है, किंतु कॉलेज का मासिक शुल्क देना असंभव है। लेकिन राजकुमार बाबू दयाशील के रूप में जाने जाते थे, भले ही नशाखोर के रूप में उनकी थोड़ी बदनामी थी। सब सुनकर नरेंद्र ने हरिदास को भरोसा दिलाया कि सब ठीक हो जाएगा।

दो-एक दिन के बाद जब राजकुमार बाबू की मेज पर काफी भीड़ लग गई और एक के बाद एक लड़के रुपए जमा कर रहे थे, तब नरेंद्रनाथ ने भीड़ को ठेलते हुए आगे जाकर राजकुमार बाबू से कहा, "महाशय, लगता है, हरिदास मासिक शुल्क दे नहीं सकेगा। आप थोड़ी कृपा कर उसे माफ कर दें। उसे परीक्षा देने के लिए भेजने पर वह अच्छी तरह पास करेगा, और नहीं भेजने पर सब बेकार हो जाएगा।"

राजकुमार ने मुँह बनाकर कहा, "तुझे धृष्टतापूर्वक पैरवी करने की जरूरत नहीं है। तू जा, अपने चरखे में तेल देने जा। मासिक शुल्क नहीं देने पर मैं उसे परीक्षा नहीं देने दूँगा।"

धमकी खाकर नरेंद्र वापस आए। मित्र भी हताश हुए। तथापि नरेंद्र ने भरोसा देकर कहा, "तू हताश क्यों होता है? वह बुड्ढा यूँ ही धमकी देता है। मैं कहता हूँ, तेरा उपाय अवश्य कर दूँगा, तू निश्चिंत रह।"

इधर नरेंद्र घर न जाकर एक अफीम के अड्डे पर गए। पता

लगाया कि राजकुमार अभी भी नहीं आए हैं। नरेंद्र तब अपने शरीर को ढककर एक गली में हेदो की ओर स्थिर दृष्टि से देखने लगे। शाम का अँधेरा जब और घना हो गया, तब राजकुमार को अफीम सेवन करने वालों के अड्डे की ओर चोरी-चोरी आते देखा। अकस्मात् नरेंद्र गली के मुँह पर आकर राजकुमार के रास्ते के आगे खड़ा हो गया। नरेंद्र को देखते ही बूढ़े को लगा कि विपदा आ गई। तथापि सहजभाव से उन्होंने पूछा, "क्या रे दत्त, यहाँ क्यों?" नरेंद्र ने हरिदास की प्रार्थना फिर दुहराई और साथ-साथ यह भय भी दिखाया कि प्रार्थना मंजूर नहीं होने पर अफीम की गोली के अड्डे की बात कॉलेज में प्रचारित कर दूँगा।

बूढ़े ने तब कहा, "बच्चा, क्रोध क्यों करता है? तू जो कहता है, वही होगा। तू जो कहता है तो क्या मैं उसे नहीं करूँगा?"

नरेंद्र ने तब जानना चाहा कि यदि यह उनका वास्तविक मनोभाव है तो सुबह ही यह कहने में क्या आपत्ति थी? बूढ़े ने समझा दिया कि उस समय माफ करने से उसका उदाहरण देकर दूसरे लड़के भी ऐसा ही करने लगते। किंतु कॉलेज का मासिक शुल्क माफ होने पर भी परीक्षा शुल्क माफ नहीं होगा, वह देना ही होगा। नरेंद्र ने भी सहमति प्रकट कर विदा ली।

इधर नरेंद्र की आँख से ओझल होते ही राजकुमार थोड़ा इधर-उधर देखकर अफीम की गोली के अड्डे में घुस गए।

हरिदास का निवास-स्थान चोरबागान के भुवनमोहन सरकार की गली में था। सूर्योदय के पहले ही नरेंद्र ने अपने मित्र के घर आकर दरवाजे को थपथपाया और गाना शुरू किया-

**भावार्थ**-निर्मल पावन उषाकाल में आओ तन्मय ध्यान करो
पूर्ण ब्रह्म का, जो है अनुपम चिर अनंत महिमा आगार।
उदयाचल के शुभ्र भाल पर जिनकी प्रेमानन-छाया
बालारुण बनकर शोभित है देखो ज्योतिर्मय साकार।
इस शुभ दिन में मधु समीर बहता है कर उनका गुणगान
और ढालता रहता अहरह वह मधुर अमृत की धार।
सब मिल-जुलकर चलो चलें भगवत् के दिव्य निकेतन में
हृदय-थाल में आज सजाकर अपने अमित प्रेम-उपहार।

इसके बाद हरिदास को कहा, "ओ रे, खूब आनंद करो, तुम्हारा कार्य सिद्ध हो गया है। मासिक शुल्क के रुपए अब तुम्हें नहीं देने होंगे।"

इसके बाद उस शाम की कथा सुनाकर सबको हँसने पर विवश कर दिया।

❑

# संगीत प्रेमी

नरेंद्र उन दिनों अपने पिता के घर भोजन करने के लिए केवल दो बार जाया करते थे, और दिन-रात निकट के रामतनु बसु की गली में स्थित नानी के घर रहकर पढ़ा करते थे। वे केवल पढ़ने की खातिर ही यहाँ रहते थे। नरेंद्र अकेले रहना पसंद करते थे। घर पर अनेक लोग थे, बड़ा हल्ला-गुल्ला था, रात में जप-ध्यान में बड़ी बाधा होती थी। नानी के घर पर अधिक लोग नहीं थे। जो दो-एक व्यक्ति थे, उनसे नरेंद्र को कोई बाधा नहीं होती थी। बंधु-बांधवों में जिनकी जब इच्छा होती, यहाँ आ उपस्थित होते। नरेंद्र ने अपने इस अपूर्व कमरे का नाम रखा था-'टं'। किसी को साथ लेकर वहाँ जाने पर कहते, 'चलो 'टं' में चलें।'

कमरा काफी छोटा था-चौड़ाई चार हाथ, लंबाई प्रायः उसकी दुगुनी। सामान में एक केनवस (मजबूत मोटे कपड़े) की खाट, उस पर मैला छोटा सा एक तकिया। फर्श पर एक फटी बड़ी चटाई बिछी हुई। एक कोने में एक तानपुरा, उसी के समीप एक सितार और एक डुग्गी। डुग्गी कभी इस चटाई पर पड़ी रहती या कभी खाट के नीचे, अथवा कभी खाट के ऊपर रखी रहती। कमरे के एक कोने में एक साधारण हुक्का, उसके निकट थोड़ा सा तंबाकू का गुल और राख गिराने के लिए एक मिट्टी का ढक्कन रखे रहते। उन सब के पास ही तंबाकू (पीनी), टिकिया और दियासलाई रखने का एक मिट्टी का पात्र रखा होता। और ताक पर, खाट पर, चटाई के ऊपर, यहाँ-वहाँ पढ़ने की पुस्तकें बिखरी पड़ी रहतीं। एक दीवार में एक रस्सी की अलगनी लगी थी, उस पर धोती, कुरता और एक चादर झूलती थी। कमरे में दो टूटी शीशियाँ रखी थीं, जो हाल ही में वे रोगग्रस्त हुए थे, इसका प्रमाण थीं। कमरे का बिखरे होने का एकमात्र कारण यह था कि उनका इन सब वस्तुओं की ओर कोई ध्यान नहीं था। बचपन से ही उनमें किसी भोग्य वस्तु के प्रति अपने

सुख की कामना नहीं दिखाई पड़ती थी।

एक दिन नरेंद्र मनोयोगपूर्वक अध्ययन कर रहे थे। इसी समय किसी मित्र का आगमन हुआ। भोजनादि कर नरेंद्र पढ़ रहे थे। मित्र ने आकर कहा, "भाई, रात में पढ़ना, अभी दो गीत गाओ।" नरेंद्र ने तुरंत पाठ्य-पुस्तक समेटकर एक ओर रख दीं। सितार पर सुर बाँधकर नरेंद्र ने गाना शुरू करने के पहले मित्र ने कहा, "तुम डुग्गी ले लो।" मित्र ने कहा, "भाई, मैं तो बजाना जानता नहीं। स्कूल में टेबुल को हथेली से ठोककर बजाता हूँ, तो क्या इसी से तुम्हारे साथ तबला-डुग्गी बजा सकता हूँ।" नरेंद्र ने तुरंत स्वयं थोड़ा बजाकर दिखाया और कहा, "भली-भाँति देख लो। जरूर बज़ा सकोगे? कोई कठिन काम नहीं है। ऐसा करते हुए केवल ठेका देते जाओ, इसी से हो जाएगा।" साथ ही गीत का बोल भी कह दिया। दो-एक बार प्रयास कर किसी तरह मित्र ठेका बजाने लगे। गान शुरू हो गया।

ताल-लय में उन्नत होकर और उन्मत्त कर नरेंद्र का हृदयस्पर्शी गीत चलने लगा—टप्पा, टप खयाल, ध्रुपद, बँगला, हिंदी, संस्कृत। नए ठेके के समय नरेंद्र ऐसे ही सहज भाव से बोल के साथ ठेका आदि दिखा देते कि एक ही दिन में कव्वाली, एकताला, आड़ाठेका (संगीत का एक ताल विशेष), मध्यमान, यहाँ तक कि सुरफाँक ताल तक उसके द्वारा बजवा लिया। मित्र बीच-बीच में चिलम भरकर नरेंद्र को पिलाता और स्वयं पीता। यह केवल इसलिए कि तबला बजाने के कार्य में थोड़ा अवकाश नहीं लेने पर हाथ टूट जाने का भय था। किंतु नरेंद्र के गान में विराम नहीं। हिंदी का गीत होने पर नरेंद्र उसका अर्थ कहता—दिन कहाँ से बीत गया पता ही नहीं। शाम हो आई, घर का नौकर एक टिमटिमाता दीया रख गया। क्रमशः रात के दस बजे दोनों व्यक्तियों को होश होने पर उन दिनों के नियमानुसार विदा लेकर नरेंद्र खाना खाने पिता के घर चला गया। उनके मित्र ने अपने घर के लिए प्रस्थान किया। इस प्रकार पढ़ने के समय नरेंद्र को कितनी बाधाएँ होती थीं, कहा नहीं जा सकता। किंतु कितनी ही बाधा क्यों न हो, नरेंद्र निर्विकार रहता था। ❑

# विवाह का प्रस्ताव

किसी समय नरेंद्रनाथ पिता की आज्ञा से अपने पिता के मित्र निमाईचंद बसु के ऑफिस में शिक्षार्थी (अपरेंटिस) के रूप में कार्य करते थे। फ्री मेंसस के नियम के अनुसार उनका इक्कीसवाँ वर्ष पूरा होने पर, पिता की ही आज्ञा से इस लॉज में (तत्कालीन 234 ऐंकर एंड होप लॉज वर्तमान में, ग्रैंड लॉज ऑफ इंडिया) भरती हुए।

उन दिनों वकील, जज, सरकार के बड़े-बड़े अफसर आदि अनेक लोग फ्री मेंससों के दल में अपना नाम लिखवाते थे। इसी से विश्वनाथ सोचते थे कि वहाँ जाने से भावी सामाजिक जीवन में पुत्र को सुविधा होगी, क्योंकि वहाँ कई पदाधिकारियों और प्रभावशाली व्यक्तियों के साथ परिचय होगा।

इसी बीच समय-समय पर नरेंद्र के विवाह का प्रस्ताव भी आया करता। कई धनी और संभ्रांत व्यक्ति नरेंद्र को दामाद बनाना चाहते थे तथा विश्वनाथ भी चाहते थे कि इस वैवाहिक संबंध के द्वारा पुत्र की सांसारिक उन्नति हो। खासकर एक प्रस्ताव काफी आकर्षक था। इस संबंध के हो जाने पर नरेंद्र उन दिनों की अत्यंत वांछित आई.एस.सी. नौकरी के उद्‌देश्य से शिक्षा प्राप्त करने के लिए इंग्लैंड जा पाते। किंतु नरेंद्र इससे सहमत नहीं हुए। अन्य जो प्रस्ताव आए थे, वे सब भी किसी-न-किसी कारण से निष्फल हो गए। नरेंद्र के हृदय में मानव-जीवन का एक बड़ा ऊँचा मानदंड स्थिर था, जो हर कदम पर उनके जीवन की गति का नियमन करता रहता था। अगल-बगल की परिस्थितियाँ उस नियम-अनुशासन का अतिक्रमण करने में सर्वथा असमर्थ थीं। संगीत, आमोदप्रियता आदि ने उन्हें कई क्षेत्रों में अवांछित मित्रों के बीच रख दिया, तथापि नीति-बोध ने उन्हें कभी लक्ष्यभ्रष्ट नहीं होने दिया। सांसारिक प्रलोभन भी उनके लिए व्यर्थ सिद्ध हो चुके थे।

❑

# नरेंद्र का प्रश्न

एक दिन अंग्रेजी साहित्य के अध्यापक किसी कारणवश क्लास में अनुपस्थित थे, अतः कॉलेज में प्राचार्य विलियम हेस्टी छात्रों को वर्डसवर्थ की कविता पढ़ा रहे थे। पाठ्य कविता थी–'एक्स्कर्शन'। उस कविता में कवि बता रहा है कि किस प्रकार प्रकृति के सौंदर्य का ध्यान करते-करते उनका मन एक अतींद्रिय लोक में चला जाता था। छात्रगण अनुभूत तत्त्व की धारणा नहीं कर पा रहे हैं–यह देखकर हेस्टी महोदय ने समझाकर कहा, "मन की पवित्रता और विशेष तत्त्व के प्रति एकाग्रता के फलस्वरूप इस प्रकार की अनुभूति होती है। निश्चय ही यह दुर्लभ है, विशेषकर आधुनिक काल में। मैंने ऐसे मात्र एक व्यक्ति को देखा है, जो मन की इस अत्यंत मंगलमय अवस्था में पहुँच पाए हैं। वे हैं दक्षिणेश्वर के श्रीरामकृष्ण परमहंस। तुम लोग वहाँ जाकर स्वयं देख आने पर इसे समझ सकोगे।"

उस दिन दूसरे लड़कों की भाँति नरेंद्र ने भी वह बात सुनी, किंतु उस समय परमपुरुष से मिलने का मंगलमय मुहूर्त नहीं आया था। नरेंद्र के मन में यह बात एक शुभ और आकांक्षणीय स्मृतिरेखा खींचकर अतीत के वक्ष में विलीन हो गई।

इसी बीच नरेंद्र का आध्यात्मिक प्रयास तीव्रतर रूप धारण करता गया। वे और कुछ अन्य आग्रहशील धर्मप्राण व्यक्ति उन दिनों महर्षि देवेंद्रनाथ ठाकुर से ध्यानाभ्यास करना सीखते थे। ध्यान समाप्त होने पर महर्षि जानना चाहते थे कि किसे कैसी अनुभूति होती है। नरेंद्र को ऐसी अनुभूति हुआ करती जैसे एक ज्योतिबिंदु घूमते-घूमते क्रमशः दोनों भौंहों के मध्य में स्थिर हो जाता है। इसके बाद उस बिंदु से विविध वर्णों की असंख्य उज्ज्वल किरणें चारों ओर फैल जाती हैं। धीरे-धीरे उनकी चेतना एक असीम की ओर प्रसारित होती है, किंतु ठीक इसी स्थिति में ध्यान

भंग हो जाता है और आलोक से उद्‍भासित विविध वर्ण विलुप्त हो जाते हैं।

इस युवक की योगशक्ति का परिचय पाकर महर्षि उन्हें ध्यान के लिए उत्साह प्रदान किया करते तथा दूसरों से उनकी प्रशंसा भी करते। श्रद्धापूर्ण हृदय से नरेंद्र बीच-बीच में महर्षि के घर जाते तथा अपने घर में नियमित ध्यान किया करते, किंतु प्राणों की पिपासा मिटती नहीं थी। अभाव-जनित यह असंतोष जब असहनीय हो गया तब वे एक दिन आवेग से भरकर महर्षि के पास चले कि आज मूल प्रश्न पूछकर उसका समाधान प्राप्त करना ही होगा।

उन दिनों महर्षि गंगा के किनारे नौका में रहा करते थे। आत्म-विस्मृत नरेंद्रनाथ ने आकर आतुर कंठ से पूछा, "महाशय, क्या आपने भगवान् को देखा है?" आग्रहयुक्त युवक के इस गूढ़ प्रश्न से महर्षि का ध्यान भंग हुआ। उन्होंने आँखें उठाकर नरेंद्र को देखा, किंतु तुरंत उत्तर नहीं दिया। थोड़ी देर तक नरेंद्र की आँखों में अपनी आँखें डालकर कहा, "बच्चा, तुम्हारी आँखें ठीक योगियों की भाँति हैं।"

अपने समाधान में विफल नरेंद्र फिर कोलाहलयुक्त महानगरी के एक कोने में स्थित अपने घर लौट आए। महर्षि के इस उत्तर से उनकी जिज्ञासा नहीं मिटी। इसके बाद दूसरे किसी धर्मगुरु के समक्ष भी उन्होंने यही एक प्रश्न रखा-"क्या आपने भगवान् को देखा है?" किंतु सभी मौन रहे। किसी के पास भी नरेंद्र के प्रश्न का उत्तर नहीं था।

❑

# चरित्र की दृढ़ता

बाल्यकाल के मित्रगण यौवन का आगमन होने पर भी सभी क्षेत्रों में परिष्कृत नैतिक पथ पर चलें, यह जरूरी नहीं है। कोई-कोई भोग में मग्न होकर दूसरे को भी अपने दल में खींचना चाहता है। यह संसार की दैनिक घटना है। नरेंद्रनाथ के द्वारा ही कहा गया है कि इन व्यक्तिगत मित्रों से उन्होंने पूरी तरह मुक्ति नहीं पाई। एक संध्या को उनके कुछ मित्रों ने गाड़ी ठीक कर उन लोगों को कलकत्ते के समीप स्थित एक उद्यान-भवन में ले जाना चाहा। इस सांध्यभ्रमण के स्वरूप के संबंध में नरेंद्रनाथ को कोई ज्ञान नहीं था वे सहमत हो गए तथा उपयुक्त समय में सबके साथ आनंदपूर्वक गाड़ी से आकर उद्यान-भवन के फाटक पर उतरे।

भीतर प्रवेश कर उन्होंने देखा कि वहाँ एक सांध्य उत्सव का आयोजन हुआ है। आनंद-भोग करने के लिए ही उन सबका वहाँ आगमन हुआ था, अतएव खूब गाना-बजाना हुआ। नरेंद्र ने भी उसमें योगदान दिया। थोड़ी देर बाद उनके थकान अनुभव करने पर मित्रों ने एक बगल का घर दिखाकर कहा कि वे वहाँ जाकर विश्राम कर सकते हैं। वे उस कमरे में अकेले सोए थे, तभी मित्रों द्वारा प्रेरित एक युवती उस कमरे में उपस्थित हुई। इसके पीछे कोई षड्यंत्र है, इसे नहीं समझ पाकर नरेंद्रनाथ ने इस आगमन को सरल भाव से ग्रहण किया और युवती इसी घर की कोई होगी, ऐसा सोचकर उसके साथ बातचीत करने लगे। वह युवती भी अपने दुःख-विपदा से ग्रस्त जीवन की कई घटनाएँ सुनाने लगी।

इस प्रकार नरेंद्रनाथ के समग्र मन और सहानुभूति पर उसने अधिकार कर लिया है, सोचकर क्रमशः उसने अपना वास्तविक स्वरूप प्रकट किया तथा उस घर में आने का मंतव्य भी स्पष्ट कह दिया। इस प्रकार उपस्थित विपत्ति का परिचय पाकर नरेंद्र झट उठ खड़े हुए और

बाहर जाने के लिए डग बढ़ाकर बोले, "क्षमा कीजिएगा, मुझे अभी जाना होगा। आपके प्रति मेरी आंतरिक सहानुभूति है और आपका कल्याण हो, यही मैं चाहता हूँ। आप यदि समझ लें कि इस प्रकार जीवन व्यतीत करना पाप है, तो एक न एक दिन आप इससे निश्चय ही मुक्ति पा जाएँगी।"

नरेंद्रनाथ चले गए। वह युवती भी हतबुद्धि होकर उन मित्रों के निकट लौटकर बोली, "एक साधू को लुभाने के लिए भेजकर आप लोगों ने खूब मजाक किया।" यह घटना एक ओर जिस प्रकार नरेंद्रनाथ के चरित्र की दृढ़ता दिखाती है, दूसरी ओर प्रमाणित करती है कि उनका मनोबल कितना दृढ़ था।

❑

# नैतिकता का पाठ

एक दिन मास्टर साहब के साथ विद्यालय के छात्रों की नैतिकता के संबंध में आलोचना करने के समय नरेंद्रनाथ तत्कालीन छात्रों की अनैतिकता के प्रति असंतोष प्रकट कर रहे थे। श्रीरामकृष्णदेव ने उन लोगों की बातों को सुनकर कहा, "ऐसी बातें अच्छी नहीं। ईश्वर की बातों को छोड़ दूसरी बातें अच्छी नहीं होतीं।" वे अपनी संतानों का मन भद्रता की ओर ही आकृष्ट किया करते। अशुभ-अभद्र की चर्चा में समय व्यतीत करना उन्हें पसंद नहीं था। पुण्य का अनुसरण करने से पाप खुद ही खत्म हो जाता है और पाप के चिंतन से पाप की वृद्धि होती है—इस स्वाभाविक रीति से ही उनकी शिक्षा-प्रणाली निर्धारित होती थी।

प्रेमाकर्षण और सदुपदेश प्रदान करने की तीव्र इच्छा से रामकृष्ण बीच-बीच में रामतनु बसु लेन में स्थित नरेंद्रनाथ के कमरे में आकर नरेंद्र का संगीत सुनते, साधना आदि के संबंध में उपदेश देते तथा अखंड ब्रह्मचर्य पालन के लिए उनको प्रोत्साहित किया करते। रामकृष्ण को इस बात का भय था कि बाद में चलकर आत्मीय स्वजनों के अनुरोध से नरेंद्र अनिच्छा होने पर भी कहीं विवाह न कर ले। वे कहते, "बारह वर्ष अखंड ब्रह्मचर्य का पालन करने पर मनुष्य की मेधानाड़ी खुल जाती है। तब उसकी बुद्धि अत्यंत तीक्ष्ण, कुशाग्र तथा अति सूक्ष्म तत्त्वों को भी धारण करने में समर्थ हो जाती है। इस प्रकार की सूक्ष्म बुद्धि के द्वारा ही ईश्वर के दर्शन होते हैं। वे केवल उसी प्रकार की शुद्ध बुद्धि के गोचर हैं।"

श्रीरामकृष्ण की उपदेश-विषयक अन्य बातों के संबंध में हमने नरेंद्रनाथ के श्रीमुख से ही प्रस्तुत किया है, "ठाकुर के संग किस प्रकार आनंद से दिन बीतते थे, दूसरों को समझाना कठिन है। खेल, हँसी, विनोद आदि साधारण विषयों द्वारा उन्होंने किस तरह उस संबंध में शिक्षा

देकर अनजाने में हमारे आध्यात्मिक जीवन के गठन में सहायता दी थी, उस संबंध में आज सोचने पर बहुत आश्चर्य होता है। बालक को सिखाते समय शक्तिशाली पहलवान जिस प्रकार अपने को संयत रखकर बालक के अनुरूप शक्ति प्रदर्शित कर कभी उसे बहुत प्रयत्न के द्वारा हराकर और कभी उससे स्वयं हारकर उसके मन में आत्मविश्वास उत्पन्न कर देता है, हमारे साथ व्यवहार करते हुए ठाकुर भी प्राय: वैसे ही भाव का अवलंबन करते थे। वे बिंदु के भीतर सदा सिंधु का दर्शन करते थे, उसी प्रकार हम लोगों के अंतर्निहित आध्यात्मिक भाव का बीज फल-फूलों के रूप में परिणत होगा, इस बात को उसी समय वे 'भावमुख' में प्रत्यक्ष कर, सदा हमारी प्रशंसा किया करते थे, उत्साह देते थे और किसी खास वासना में फँसकर हम जीवन की उस महान् सफलता को कहीं खो न बैठें, इसलिए विशेष सावधानी के साथ हमारे प्रत्येक व्यवहार पर ध्यान रखकर अनेक उपदेश देते हुए हमें संयत रखते थे; परंतु इस बात को हम उस समय बिलकुल ही समझ नहीं सकते थे। वही उनके शिक्षा-प्रदान कर जीवन गठन करने का अपूर्व कौशल था।"

ध्यान-धारणा करते समय कुछ दूर अग्रसर हो मन जब अधिक एकाग्र होने का अवलंबन नहीं पाता था तो उनसे पूछने पर वैसी स्थिति में उन्होंने स्वयं क्या किया था, हमें बताकर अनेक उपयुक्त उपाय कह देते थे। मुझे स्मरण है, किसी रात को ध्यान में बैठने पर आलंबाजार स्थित जूट मिल के भोंपू की आवाज से मन विचलित हो जाता था। उनसे इस बात को कहने पर उन्होंने उसी भोंपू की आवाज में मन को एकाग्र करने के लिए हमें आदेश दिया और हमने वैसा करके विशेष फल भी प्राप्त किया था। एक दूसरे अवसर पर ध्यान करते समय शरीर को भूलकर मन को लक्ष्य में समाहित करने में विशेष बाधा का अनुभव करके उनके पास मैं उपस्थित हुआ। उन्होंने स्वयं के वेदांत के समाधि-साधन काल में श्रीमत् तोतापुरी से भ्रूमध्य में मन को एकाग्र रखने के लिए जिस प्रकार का आदेश पाया था, उस बात का उल्लेख करके अपने नखाग्र को मेरे भ्रूमध्य में जोर से गड़ाकर उन्होंने कहा था, "इस वेदना पर मन को एकाग्र करो।" फलस्वरूप मैंने देखा था कि उस आघातजनित वेदना के अनुभव को जब तक चाहें मन में धारण किए रहा जा सकता है और उस समय शरीर के किसी दूसरे भाग पर मन के विचलित होने की बात दूर रही, उन अंगों के अस्तित्व का ज्ञान तक नहीं रहता था।

ठाकुर की साधना का स्थल निर्जन पंचवटी के नीचे हमारी

ध्यान-धारणा करने का विशेष उपयोगी स्थान था। और केवल ध्यान-धारणा ही नहीं, खेल-मनोरंजन में भी हम वहाँ कुछ समय बिताया करते थे। उस समय भी वे हमारे साथ सहयोग देकर हमारा आनंदवर्धन किया करते थे। हम वहाँ दौड़ते थे, पेड़ पर चढ़ते थे, मजबूत रस्सी के समान लटकती हुई माधवी-लता के घेरे में बैठकर झूलते थे, फिर कभी वहाँ स्वयं पकाकर वन-भोजन करते थे। उस वन-भोजन के प्रथम दिन मैंने अपने हाथ से पकाया है, देखकर ठाकुर ने स्वयं भी भोजन ग्रहण किया था। यह जानकर कि वे ब्राह्मण के सिवा किसी दूसरे वर्ण के मनुष्य के हाथ का पकाया हुआ अन्न नहीं खाते हैं, मैं उनके लिए मंदिर का प्रसादी अन्न मँगवाने का प्रबंध कर रहा था, किंतु मुझे मना करते हुए उन्होंने कहा, "तेरे जैसे शुद्ध सत्त्वगुणी के हाथ का अन्न खाने से कोई दोष नहीं होगा।" बार-बार मेरे आपत्ति करने पर भी उन्होंने मेरी बात को न माना और मेरे हाथ का पकाया हुआ अन्न उस दिन ग्रहण किया था।"

❑

# ध्यानपरायणता

एक दिन गिरीष घोष और नरेंद्रनाथ एक वृक्ष के नीचे ध्यान करने बैठे, किंतु मच्छरों के उपद्रव के कारण गिरीश बाबू के लिए अपना चित्त स्थिर करना असंभव हो गया। काफी प्रयास करने के बावजूद विफल होकर उन्होंने अपनी आँखें खोल दीं। तब नरेंद्र की ओर देखने पर उनके आश्चर्य का ठिकाना न रहा। उन्होंने देखा कि नरेंद्र सुमेरू की भाँति निश्चल है, यद्यपि उसके शरीर पर इतने मच्छर बैठे थे कि लगता था कि उसका सारा शरीर मानो काले कंबल से ढका हो। यह देखकर गिरीश बाबू उन्हें बार-बार पुकारने लगे, किंतु कोई उत्तर नहीं पाया। अंत में उद्विग्न होकर जब उन्होंने नरेंद्र का आसन पकड़कर खींचा तब नरेंद्र की चेतनाशून्य देह धरती पर गिर गई और बहुत देर बाद उन्हें होश आया।

यहाँ काशीपुर की एक अप्रिय घटना का उल्लेख करते हैं—घटना के महत्त्व के विवेचन के लिए नहीं, बल्कि उसके माध्यम से नरेंद्रनाथ के प्रति श्रीरामकृष्ण का जो विश्वास व्यक्त हुआ था, उसी को कहने के लिए। गृहस्थ भक्तगण आवश्यकता के अनुरूप धन देते और युवकवृंद उसे खर्च करते। खर्चे का हिसाब रखना उचित होगा, यह सोचकर रामबाबू, कालीपद बाबू और सुरेंद्रबाबू ने छोटे गोपाल को इस कार्य का भार दिया।

गोपाल के घर की स्थिति अच्छी नहीं थी। इसी से सुरेंद्र ने कहा, गोपाल के घर की व्यवस्था हम करेंगे, ताकि गोपाल काशीपुर में पूरे मनोयोग से श्रीरामकृष्ण की सेवा कर सके। रामबाबू आदि बीच-बीच में जमा-खर्च देखा करते। एक बार खर्च बहुत अधिक हुआ है, ऐसा सोचकर उन लोगों ने गोल-माल करने का आरोप लगा दिया। स्थिति यहाँ तक पहुँच गई कि बाध्य होकर नरेंद्र ने श्रीरामकृष्ण से इसकी चर्चा की।

तब श्रीरामकृष्ण ने नरेंद्र से कहा, "तू अपने कंधे पर लेकर मुझे जहाँ ले जाएगा, मैं वही रहूँगा।"

राम बाबू आदि के रुपए नहीं लिये जाएँगे, तो खर्च कैसे चलेगा–रामकृष्ण विभिन्न पंक्तियों की बात सोचने लगे। समाचार पाकर लक्ष्मीनारायण मारवाड़ी रुपए लाकर रख गए, किंतु श्रीरामकृष्ण ने उन रुपयों को नहीं लिया। इसके बाद सोच-विचारकर गिरीश बाबू को बुलवाया। गिरीशचंद्र ने सब सुनकर यथेष्ट सामर्थ्य नहीं रहने पर भी श्रेष्ठ भक्त की भाँति कहा कि वे वासगत जमीन बेचकर भी काशीपुर का व्यय वहन करने को तैयार हैं।

उसी समय युवक भक्तों ने बहुत हिसाबी गृहस्थों के श्रीरामकृष्ण के कमरे में प्रवेश पर रोक लगा दी। अतः सुरेंद्र, राम आदि सभी रामकृष्ण के दर्शन से वंचित हो गए। अंत में श्रीरामकृष्ण की मध्यस्थता से इस विवाद का समाधान हुआ।

❑

# संतों के प्रति आदर-भाव

नरेंद्र को बचपन से ही साधु-संतों का सत्कार, उनका आदर करने में परम-आनंद मिलता था। उन्हें जब भी अवसर मिलता, साधु-संतों को कुछ-न-कुछ दान कर देते थे। उनकी इस प्रवृत्ति से घर के सभी सदस्य परेशान थे, परंतु नरेंद्र पर तो जैसे किसी बात का असर ही नहीं होता था।

एक दिन नरेंद्र नई धोती पहनकर साथियों के साथ खेल रहे थे, तभी दरवाजे पर आवाज हुई, "नारायण हरि!" तुरंत नरेंद्र वहाँ आ पहुँचे। आगंतुक ने कपड़े की माँग की। बिना किसी हिचकिचाहट के उसी क्षण नरेंद्र ने नए वस्त्र उतारकर उसके हाथ में दे दिए। किंतु वह छोटी धोती तो कमर में लपेटने के लिए काफी नहीं थी, अतः उसने उसे पगड़ी की तरह सिर में लपेटकर बालक को आशीर्वाद देते-देते हर्ष के साथ विदा ली। उन दिनों दत्तगृह में अकसर याचकगण आते रहते थे। अतएव इसके बाद इस तरह किसी के आने पर नरेंद्र को किसी दूसरी जगह पर बंद करके रख दिया जाता। नरेंद्र इससे भी हतोत्साहित नहीं होते। अवसर पाते ही दूसरों को खिड़की से विविध वस्तुएँ राह चलते साधू या भिखारी के हाथों में डाल देते और आनंद से उत्फुल्ल हो जाते।

दोनों बड़ी बहनें भी उनके उत्पात से उद्विग्न हो जातीं। कभी बहनों के खदेड़कर पकड़ने जाने पर वे दौड़कर कूड़े-कचरे के ढेर पर चले जाते और वहाँ से तरह-तरह के मुँह बिचकाते-बिचकाते मधुर हास्य के साथ कहते, "पकड़ो न, पकड़ो न!"

पालतू जीव-जंतुओं के साथ खेलना उन्हें अच्छा लगता था। उनके खेल के साथी थे, विलायती चूहा, बंदर, बकरा, काकातूआ (बड़ा तोता) और कबूतर। इनके अतिरिक्त घर की गौ उनकी परमप्रिय थी। उसके गले में माला पहनाकर, माथे में सिंदूर लगाकर और शरीर पर हाथ फेरकर वे उसके साथ कितनी ही मीठी बातें किया करते थे।

घर के नौकरों में घोड़े के सईस के साथ उनकी सबसे अधिक आत्मीयता थी और बचपन में उनकी सबसे बड़ी लालसा बड़ा होने पर सईस या कोचवान बनने की थी। सिर पर पगड़ी बाँधकर, गाड़ी के आगे ऊँचे आसन पर बैठकर, चाबुक घुमाते हुए चंचल-चंचल घोड़े को नगर के जाने-अनजाने विभिन्न स्थानों में चलाने में सचमुच एक पुरुषोचित गरिमा थी। दत्त-परिवार के लोग एक गाड़ी में घूमने बाहर निकले हैं। माँ की गोद में बैठे हुए नरेंद्रनाथ कई विषयों पर कितने ही प्रश्न करते चलते हैं, उनकी उत्सुकता की सीमा नहीं रहती। इसी बीच पिता ने उनसे पूछा, "विले, बड़े होने पर तुम क्या बनोगे, कहो तो?" नरेंद्र को सोचने की जरूरत नहीं थी, झट से उत्तर दिया, "सईस या कोचवान।"

❑

# मूर्ति उपासना

एक दिन नरेंद्र ने बाजार में सीता–राम की मिट्टी की एक युगल मूर्ति लाकर सीढ़ी वाले ऊपर घर में स्थापित की और उस घर का दरवाजा बंद कर मुहल्ले के हरि नामक एक साथी ब्राह्मण लड़के के साथ आँखें मूँदकर भीतर ध्यान करने बैठ गए।

ध्यान में लीन नरेंद्र को समय का ध्यान ही नहीं रहा। इधर बहुत देर से बालक को नहीं देख पाने के कारण घर के सभी लोग व्याकुल हो उठे। चारों ओर हंगामा मचा हुआ था। उसी समय किसी के मन में आया, छत के ऊपर एक बार क्यों न देखा जाए? वहाँ जाकर देखा तो सीढ़ीघर का दरवाजा बंद है। बहुत धक्का देने पर भी दरवाजा नहीं खुला तो अंत में उसे तोड़ना पड़ा।

ब्राह्मण का बालक तो खुले रास्ते से साँस रोके हुए भाग गया, किंतु नरेंद्र तब भी धीर, स्थिर, मुदित अवस्था में बैठे रहे। अंत में उनके शरीर को झकझोरकर उनकी चेतना लौटाई गई।

अभी कुछ दिन ही हुए थे कि एक विचित्र घटना ने नरेंद्र के अपरिपक्व मन को अत्यधिक आंदोलित कर दिया। अस्तबल के सर्वज्ञानी सईस के समीप बैठकर वे खूब गपशप करते तथा उससे कई अपूर्व कहानियाँ सुना करते थे। किसी कारण से सईस का दांपत्य जीवन सुखमय नहीं हुआ, इसी से वह विवाह के संबंध में कई विरोधी बातें भी कहा करता था।

एक दिन सीताराम की पूजा करने के बाद नरेंद्र अस्तबल जाकर सईस के साथ बातचीत कर रहे थे। उसी समय सईस ने बहुत जोर देकर कहा, "विवाह करना बहुत बुरा है।" इस संबंध में उसने अनेक तर्क भी दिए।

यह सुनकर नरेंद्र के मन में आया कि सईस के इस ज्ञान और

उपदेश में मान लेने योग्य बहुत कुछ सच्चाई है। उन्होंने भी मन-ही-मन निर्णय कर लिया कि वे विवाह कभी भी नहीं करेंगे। किंतु उनके प्रिय सीता-राम की मूर्ति का क्या होगा? इतने दिनों तक तो उन्होंने इन अति पवित्र युगल मूर्तियों की शृद्धा के साथ पूजा की है और उन दोनों के विमल चरित्र के प्रति भक्ति एवं श्रद्धा करना सीखा है। अब एक आदर्शगत अव्यक्त आंदोलन ने उनके बालमन को मथ दिया था। निश्चय ही उस समय इसके पूर्ण तात्पर्य को उन्होंने हृदयंगम नहीं किया था। कम-से-कम साधारण बुद्धि से प्रतीत होता है कि उस समय उनके लिए यह संभव नहीं था। तथापि सईस की बात और युगल मूर्ति में एक सिद्धांतहीन असामंजस्य देखकर समस्या से जर्जर उनका हृदय विदीर्ण हो गया और उन्हें रुलाई आ गई।

पुत्र की आँखों में आँसू देखकर माँ के द्वारा कारण पूछने पर नरेंद्र पहले चुप रहे, फिर फफकने लगे। माँ के द्वारा पुत्र को गोद में लेकर सांत्वना देने पर अंत में नरेंद्र ने अपने मन की व्यथा-कथा कह सुनाई। बुद्धिमती माँ ने सुनकर हँसते हुए कहा, "विले, इससे क्या होता है? तू शिव की पूजा कर।"

बात मन को भा गई। शाम के धुँधलके में वीरेश्वर (नरेंद्रनाथ, छत पर गए और हाथ में सीता-राम की मूर्ति लेकर छत के किनारे खड़े हो गए। निश्चय ही उनके लिए वह एक दुःखमय घड़ी थी। सीता-राम की मूर्ति को विसर्जित करने से निश्चय ही उनका हृदय दुःख से उद्वेलित हो उठा था। संभवतः एक गंभीर दीर्घ विश्वास अनजाने रास्ते से निकलकर शून्य में विलीन हो गया था। दूसरे ही क्षण वह युगल मूर्ति नीचे के कठोर रास्ते पर गिरकर चूर-चूर हो गई थी।

दूसरे दिन उन्होंने बाजार से एक शिव की मूर्ति लाकर उसे सीता-राम के आसन पर बैठाया और फिर आँखें मूँदकर उस मूर्ति के सामने ध्यानमग्न हो गए।

❑

# हनुमान की खोज

बचपन में माँ की गोद में बैठकर उन्होंने रामायण की जो अपूर्व हृदयाकर्षक कहानी सुनी थी, वह दांपत्य जीवन के दुःखमय अनुभव से व्यथित सईस की तिक्त वाणी से अचानक मलिन हो जाने पर भी कभी भी हृदय से मिट नहीं सकी, बल्कि पश्चिमी जीवन के आदर्श के संघर्ष में वह और अधिक स्पष्ट हो गई थी। खासकर रामायण के हनुमान का चरित्र उन्हें बाल्यकाल में बहुत ही आकृष्ट करता था। महावीर हनुमान का आदर्श उनके हृदय में सदैव देदीप्यमान रहता तथा रामायण-गान का समाचार पाते ही वे उसे सुनने दौड़ पड़ते थे।

एक दिन वे किसी कथावाचक से रामायण की कथा सुन रहे थे। कथावाचक ने जब कहा, "हनुमान केले के वन में रहते हैं।" तब महावीर का दर्शन करने को उत्सुक वीरेश्वर उनसे पूछ बैठे, "वहाँ जाने पर क्या उनको देखा जा सकता है?"

बालक के उत्सुकता भरे प्रश्न के उत्तर में कथावाचक ने उपहास करते हुए कहा, "हाँ जी, जाकर ही देख लो न!"

वीरेश्वर के घर के बगल में ही केले की एक झाड़ी थी। कथा समाप्त होने पर रात में घर लौटने के मार्ग में वीरेश्वर उसी झाड़ी में जाकर केले के पेड़ के नीचे बैठकर हनुमान के आने की प्रतीक्षा करने लगे। किंतु जब काफी देर बाद भी दर्शन नहीं हुए, तब व्यथित मन से घर लौटकर उन्होंने सबको यह बात बताई। तब बड़े-बूढ़ों ने उन्हें सांत्वना देते हुए कहा, "अरे विले, लगता है आज भगवान् के कार्य से हनुमान कहीं दूसरी जगह गए हैं, इसी से उन्हें तू देख नहीं पाया।" इससे वे बहुत आश्वस्त हुए।

❑

# मैं शिव हो गया हूँ

संन्यासी होने की साध उन्हें बचपन से ही थी। एक दिन एक गेरुए वस्त्र को लपेटकर वे घूमने निकल रहे थे। यह देखकर माँ ने पूछा, "यह क्या रे?" वीरेश्वर ने उल्लासपूर्वक ऊँचे स्वर में कहा, "मैं शिव हो गया हूँ।" उनमें ध्यान-प्रवणता भी थी। बड़ों के मुँह से उन्होंने सुना था कि ध्यान में निमग्न ऋषि-मुनियों की जटा बढ़कर धरती को छूने लगती है और धीरे-धीरे बरगद के पेड़ की जटा की तरह धरती में घुस जाती है।

सरल हृदय बालक वीरेश्वर ध्यान में बैठते और बीच-बीच में आँख खोलकर देखते कि उनकी जटा जमीन में प्रवेश कर गई है या नहीं। जब वे देखते कि वैसा नहीं हुआ है, तब दौड़ते हुए जाकर माँ से कहते, "माँ, ध्यान तो किया, जटा बड़ी कहाँ हुई?" माँ समझाती, "एकाध घंटा या एकाध दिन में नहीं होती, कई दिन लगते हैं।"

घर के सब लोग देखते थे, वीरेश्वर इसी तरह कभी अकेले अथवा कभी पड़ोस के बालकों के साथ ध्यान में बैठकर समय का ज्ञान खो बैठता है और अपने भाव में इस प्रकार तन्मय हो जाता है कि पुकारने पर कोई उत्तर नहीं मिल पाता। एक दिन नरेंद्र सीढ़ी वाले कमरे में घर की छत पर थे, इसी प्रकार ध्यान का खेल चल रहा था। अचानक एक लड़के ने देखा कि घर में एक भयंकर साँप है। वह भय से चिल्ला उठा और वीरेश्वर को छोड़कर सभी लड़के घर से बाहर निकल भागे। लेकिन वीरेश्वर तब भी ध्यान में मग्न बह्म-चेतना से शून्य बैठा रहा। साथियों द्वारा शोरगुल करते हुए बार-बार पुकारने पर भी कोई उत्तर नहीं मिला। तब भयभीत हो झटपट दौड़कर बड़े-बुजुर्गों को बुला लाए। उन लोगों ने आकर वह भयावह दृश्य देखा, आँखें मूँदकर बालक बैठा है। उसके सामने विषैला साँप फन फैलाए डोल रहा है। यह देखकर सबके प्राण सूख गए, साँसे थम गईं। आवाज

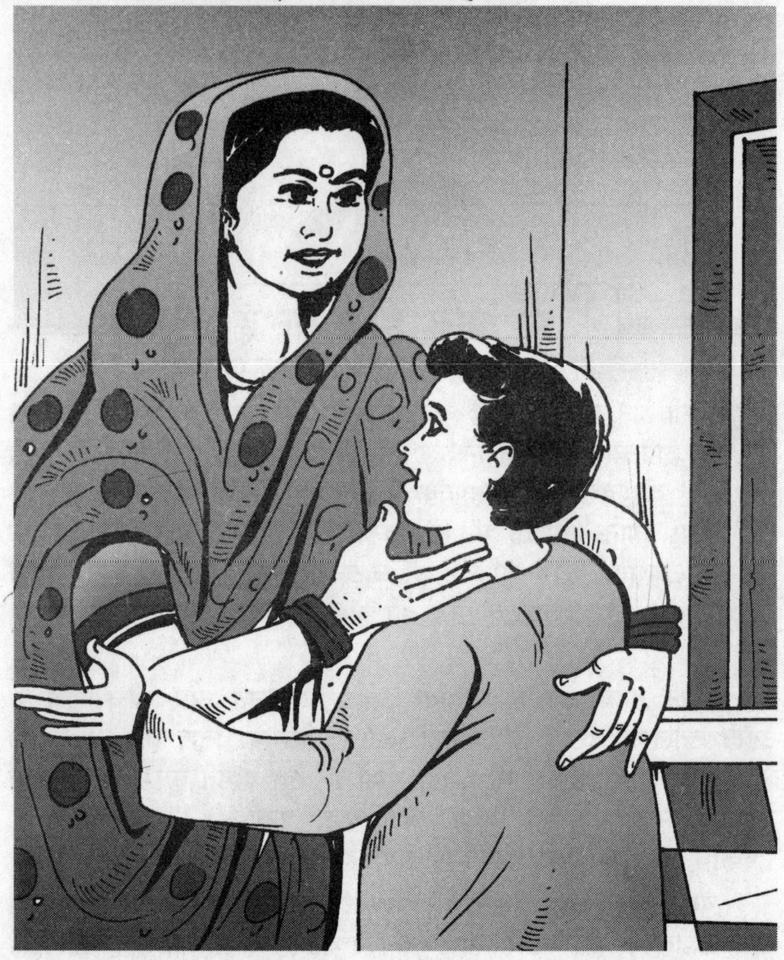

करने पर साँप बालक का अनिष्ट कर सकता है, इस भय से निरुपाय हो सभी चुपचाप खड़े रहे। थोड़ी देर बाद वह विषधर स्वयं ही चला गया। इसके बाद चैतन्य होने पर वीरेश्वर ने सबकुछ सुना, किंतु बोला, "मुझे तो कुछ पता ही नहीं चला।"

❑

# ज्योति दर्शन

नरेंद्र के सोने की क्रिया भी अद्‌भुत थी। वे दूसरे लड़कों की तरह तकिए पर सिर रखते ही निद्राभिभूत नहीं हो जाते थे, उन्हें पट होकर सोने की आदत थी। इस अवस्था में सोने के लिए आँख मूँदते ही वे अपनी भौंहों के बीच में एक अपूर्व ज्योतिबिंदु देखा करते थे। वह बिंदु बढ़कर और विविध वर्णों में परिवर्तित होकर क्रमशः अंडे का आकार धारण कर लेता था तथा अकस्मात् फटकर तारों की भाँति बिखर जाता, अपनी शुभ तरल ज्योति से चारों दिशाओं को प्रकाशित कर उन्हें इस ज्योति-सागर में डुबो देता था। उस सागर में निमग्न होते-होते वे सो जाते।

हर रात ऐसा ही होता, वे उसे साधारण रूप में ही ग्रहण करते और सोचा करते कि आदमी इसी प्रकार सोता है। उन्होंने इस अति असाधारण दैनिक घटना की बात किसी से कहने की आवश्यकता महसूस नहीं की।

बहुत दिनों के बाद जब वे श्रीयुत देवेंद्र ठाकुर के पास ध्यान सीखने जाया करते थे, तब अपने एक समवयस्क मित्र को ध्यान कैसे होता है, यह जानने के लिए उत्सुक होकर उन्होंने प्रसंगवश उससे पूछा, “अच्छा भाई, तुम क्या सोने के पहले एक ज्योति देखते हो?”

प्रश्न का तात्पर्य ग्रहण करने में असमर्थ उस मित्र ने आश्चर्यचकित होकर कहा, “नहीं।” नरेंद्र ने कहा, “मैं देखता हूँ, यह बात याद रखना, बिछावन पर लेटते ही सो नहीं जाना, कुछ देर सतर्क रहने पर तुम भी देख सकोगे।”

मित्र ने इसे किस रूप में ग्रहण किया था तथा उसके भाग्य में इसका क्या फलाफल हुआ था, पता नहीं, किंतु बाद में, सन् 1882 में श्रीरामकृष्ण परमहंसदेव ने इस ज्योति-दर्शन की बात सुनकर कहा था,

"जो लोग ध्यान-सिद्ध होते हैं, वे ही इस प्रकार ज्योति देख पाते हैं।" नरेंद्र के लिए यह आजीवन दैनिक घटना थी। फिर भी अंतिम दिनों में यह ज्योति-दर्शन उतना सघन या स्पष्ट रूप में नहीं होता था।

❑

# साथियों के साथ गंगापूजा

जीवन के आरंभ से ही देखा गया था कि अपने हमउम्र साथियों के साथ दलबद्ध होकर क्रीड़ा-कौतुक आदि करने के समय नरेंद्र इन सब आयोजनों के नेता होते। वस्तुतः नेतृत्व-सुलभ गुण तब से ही उनके चरित्र में प्रस्फुटित होकर धीरे-धीरे समुचित रूप धारण कर रहा था। एक मकर संक्रांति के दिन उन्होंने सहपाठियों के साथ अपने पिता से गंगापूजा करने जाने की अनुमति ली।

बाजे और पताका आदि की व्यवस्था पिता के खर्चे से सहज ही हो गई। अंत में गंगा की महिमा का गान करते हुए बाजे और पताकाओं के साथ एक छोटी-मोटी शोभायात्रा का रूप धारण कर सभी गंगा के तट पर उपस्थित हुए। गंगा के जल में पुष्प-माला आदि अर्पण कर तथा दीपों को प्रवाहित कर देवी की पूजा समाप्त की। कदली स्तंभ के छिलकों में जलते हुए छोटे-छोटे ज्योतिर्मय दीपों को अपने वक्ष पर लेकर बालकों की पूजा से प्रसन्न गंगा मानो संध्या के सुकोमल अंधकार में प्रसन्नचित्त होकर मुसकराती हुई मंथर गति से सागर की ओर प्रवाहित हो गई।

कभी समवयस्कों के साथ राजा-कोतवाल खेल में वे राजा बनते। दत्तगृह का पूजाघर आँगन से काफी ऊँचा था, आँगन में छह सीढ़ियाँ चढ़कर पूजाघर में जाना पड़ता था। नरेंद्र सगर्व उसकी सब से ऊँची सीढ़ी पर बैठकर अन्य दो साथियों को नीचे की सीढ़ी दिखाकर कहते, "तुम मंत्री हुए हो, और तुम सेनापति, जाओ, वहाँ खड़े हो जाओ।" उसके भी नीचे की सीढ़ी पर सभासदगण बैठते।

अंत में राजदरबार का कार्य आरंभ होने पर कर्मचारीगण भूमिष्ठ होकर प्रणाम करते और राजा प्रश्न करते, "मंत्री, राज्य का क्या समाचार है?" मंत्री कभी सुसमाचार सुनाते हुए कहते, "जी हाँ, प्रजागण परम सुखी हैं।" अथवा कभी कहते, "नहीं महाराज, एक डाकू बड़ा उत्पात

करता है।" तुरंत राजा का आदेश घोषित होता, "दुष्टात्मा का सिर उतार लो।"

तुरंत दस-ग्यारह खिलाड़ी साथी बालक डाकू को दंड देने के लिए उद्यत होते। किंतु डाकू आत्मसमर्पण नहीं कर तेजी से सदर दरवाजे की ओर भागता तथा सैनिक दल भी टोली से उसका पीछा करता। दोपहर को सभी अपने-अपने बिस्तर पर या नौकरगण देहली पर सोकर आराम करते हैं। चिल्लाकर दौड़ते हुए बालकों के उत्पात से परेशान नौकर उन्हें सबक सिखाने के लिए उनका पीछा करते। किंतु तेजी से भागते हुए बालकों को नहीं पकड़ पाकर केवल थके मुँह से भर्त्सना करते रहते। राजा के आसन पर बैठकर एवं सबकुछ देख-सुनकर नरेंद्र केवल मधुर-मधुर मुसकराते रहते।

और भी कई प्रकार के खेल थे। उन दिनों पूरे कलकत्ते में गैस बत्ती (पेट्रोमैक्स) आई थी और लेमनेड सोडा की दुकानें खुली थीं। नरेंद्र ने भी कल-पुर्जे इकट्ठे कर गैस और सोडा लेमनेड का कारखाना लगाया। साथ ही वहाँ रेलगाड़ी भी चलने लगी। कई पुराने जस्त के नल, मिटटी की हाँड़ी और खड़ लेकर उन्होंने घर के आँगन में गैसघर का निर्माण किया। खड़ के जलते ही धुआँ होता और इस नल से होकर ऊपर को उठता। तब नरेंद्र वैज्ञानिक की भाँति कमर पर हाथ रखकर गंभीर दृष्टि से सब पर्यवेक्षण करते और अपने आविष्कार की सफलता पर आत्मतृप्त होते। कभी असंतुष्ट होकर नाक सिकोड़ते हुए साथियों से कहते, "नहीं, यह कुछ नहीं हुआ, और आग दो, खूब फूँक लगाओ-गैस बहुत कम निकलती है।"

❑

# जाति, भेदभाव का दंश

विश्वनाथ दत्त के एक मुसलमान मुवक्किल थे। वे नरेंद्र को बहुत प्यार करते थे। नरेंद्र भी उन्हें देखते ही 'चाचा' कहते हुए दौड़े आते तथा उनकी बगल में बैठकर पंजाब, अफगानिस्तान आदि दुर्गम देशों में किस प्रकार ऊँट, घोड़े आदि पर चढ़कर आवागमन होता है, आदि बातें बड़े चाव से सुनते। इन सब कहानियों का कोई आदि-अंत नहीं होता था।

यह सब सुनने में नरेंद्र को कभी थकान का अनुभव नहीं होता था। बीच-बीच में चाचा नरेंद्र को मिठाई देते, और नरेंद्र उसे प्रसन्नभाव से खाया करता। दूसरे मुवक्किल दोनों के आचार-व्यवहार को देखकर काँप उठते तथा अवाक् मुखमुद्रा में असंतोष व्यक्त करते। घर में प्रवेश करते ही विश्वनाथ बाबू सारी बातें समझ जाते, किंतु भोजनादि के संबंध में वे सदैव अत्यंत उदारभाव रखते थे, अतः कुछ भी नहीं बोलते थे।

इस जाति-भ्रष्टता की घटना को लेकर एक दिन बड़ा हंगामा हुआ। पिता को अपने व्यावसायिक कार्य में व्यस्त देखकर नरेंद्र ने अचानक बैठकखाने में प्रवेश किया। वहाँ अलग-अलग जाति के मुवक्किलों के लिए सब हुक्के अलग-अलग रखे हुए थे, नरेंद्र उनमें से प्रत्येक हुक्के में मुँह लगाकर कश खींचकर देखने लगा।

नरेंद्र के विचारों को उन दिनों जातिभेद की प्रथा ने एक अच्छी खासी समस्या का रूप लेकर प्रथा-विरोधी बना दिया था। एक व्यक्ति दूसरे के हाथों क्यों नहीं खाएगा? एक व्यक्ति द्वारा दूसरे के हुक्के से तंबाकू पीने पर क्या आकाश टूट पड़ेगा? नरेंद्र आज उसी की प्रत्यक्ष परीक्षा लेने आगे बढ़ा था। लेकिन इतने हुक्कों में मुँह लगाने के बाद भी तो संसार में कोई परिवर्तन नहीं हुआ। उसी समय वहाँ पिता विश्वनाथ आ पहुँचे और नरेंद्र को उस अवस्था में देखकर पूछा, "अरे, क्या कर रहे हो?"

पुत्र ने तिल भर हिलेडुले बिना उत्तर दिया, "देख रहा हूँ कि जाति नहीं मानने पर क्या होता है।"

पुत्र की अद्भुत खोज-परखता तथा विकट समस्या का आश्चर्यजनक समाधान, कौशल देखकर पिता जोरों से हँस पड़े एवं 'बड़े दुष्ट हो रे' कहकर अध्ययन-कक्ष में चले गए।

और फिर एक दिन वही भद्र मुसलमान बैठकखाने में बैठे सम्राट् अकबर के गुणों का बखान कर रहे थे। उसी समय घर के भीतर हाहाकार हुआ। अन्य बालकों के साथ लुकाछिपी खेलते-खेलते अचानक पाँव फिसल जाने से नरेंद्र एक-मंजिले से पूजाघर की सीढ़ी पर से लुढ़कते-लुढ़कते नीचे गिरकर अचेत हो गया। तुरंत डॉक्टर बुलाया गया। काफी प्रयत्न करने के पश्चात् एक घंटे के बाद बालक की चेतना लौटी। इतनी देर तक नरेंद्र के माता-पिता सभी बड़े विचलित रहे। होश आने पर डॉक्टर ने कहा, "चोट गंभीर है, किंतु जीवन को कोई डर नहीं।" गिरने के कारण नरेंद्र की दाहिनी आँख के ऊपर थोड़ा सा कट गया था, वह दाग उनके आजीवन बना रहा। जब नरेंद्र के घरवालों को पता चला कि वह मुसलमान ही दौड़कर डॉक्टर को बुलाकर लाया था, तो उन्होंने उसका धन्यवाद किया।

❑

# नरेंद्र का साहस

नरेंद्र में साहस और दया-भावना कूट-कूटकर भरी थी। किसी को भी यदि छोटी-से-छोटी समस्या होती तो वह दौड़कर उसकी सहायता करने लगता। अपने सहयोगियों तथा सहपाठियों के प्रति नरेंद्र के मन में अपार स्नेह और सहयोग भरा हुआ था। यही नहीं, वह किसी भी जाति-धर्म के लोगों की मदद करने के लिए हमेशा तत्पर रहता था। एक दिन नरेंद्र बीस-पच्चीस बालकों को लेकर किला मैदान देखने जा रहा था। उनमें से एक लड़के ने रास्ते में अस्वस्थता का अनुभव किया। अन्य लड़के इसे कुछ नहीं समझकर हँसी-मजाक करने लगे तथा गंतव्य-पथ पर बढ़ चले। नरेंद्रनाथ भी इस बात से अनभिज्ञ होकर चल रहा था। अकस्मात् उस लड़के की बात याद आई; उसने देखा कि धीरे-धीरे वह दल से पिछड़कर अंत में थकी देह से रास्ते के किनारे बैठ गया है। नरेंद्र तुरंत वापस लौट पड़ा। लड़के के शरीर पर हाथ रखकर देखा कि वह प्रबल ज्वर से ग्रस्त है, थर-थर काँप रहा है। उन्होंने उसे उठाकर एक गाड़ी में चढ़ाया और स्वयं उसे घर तक पहुँचाकर वापस चल दिए।

उस समय नरेंद्रनाथ की उम्र लगभग आठ वर्ष रही होगी। एक दिन वह कई सहपाठियों को साथ लेकर नाव से चादपाल घाट से मटियाबुर्ज स्थित लखनऊ के नवाब वाजिदअली शाह का चिड़ियाघर देखने गया। लौटते समय एक लड़के की तबीयत खराब हो गई। उसने नाव में उलटी कर दी। इससे उत्तेजित होकर मल्लाहों ने लड़कों को अपने हाथ से उलटी साफ करने का हुक्म दिया। लड़कों ने उसे किसी दूसरे से साफ करवाने को कहा एवं वे उसके लिए दुगुना भाड़ा देने को तैयार हो गए। लेकिन मल्लाहों ने जिद नहीं छोड़ी, बल्कि उन लोगों की बात को अस्वीकार करते हुए लड़कों से गाली-गलौज करने लगे। घाट के निकट आकर भी धमकी दी कि बात नहीं मानने पर हम नाव किनारे पर नहीं

लगाएँगे। बात बढ़ी तो मारपीट की नौबत आ गई।

घाट के दूसरे मल्लाहों को भी इन मल्लाहों का साथ देते देख लड़के किंकर्तव्यविमूढ़ हो गए।

नरेंद्र उन लड़कों से उम्र में छोटे होने पर भी सुयोग से नाव पर से लंबी छलाँग लगाकर किनारे पर आ गए तथा अपने सहयात्रियों के उद्धार का उपाय ढूँढ़ने के लिए इधर-उधर देखने लगे।

उन्होंने देखा कि पलटन के दो गोरे इसी ओर आ रहे हैं। उन्होंने साहस और विश्वास के साथ उन गोरों के निकट जाकर टूटी-फूटी अँगरेजी और भागभंगिमा के द्वारा अपने संकट की बात बताई। गोरों ने नरेंद्र की बात से परिस्थिति भाँप ली और सुदर्शन छोटे बालक के प्रति स्नेहाभिभूत हो अँगरेजी में कहा, “ठीक है बच्चा, तुम चिंता मत करो।”

नरेंद्र उन लोगों का हाथ पकड़कर नाव की ओर ले चला। गोरों को देखकर मल्लाह डर गए और उन लोगों का आदेश पाते ही बिना किसी बहस के लड़कों को किनारे उतार दिया। नरेंद्र के व्यवहार से संतुष्ट गोरों ने उन्हें थियेटर ले जाना चाहा, किंतु धन्यवाद सहित उस प्रस्ताव को अस्वीकार कर वह साथियों के साथ अपने घर लौट आया।

❑

# दरबान को जादू दिखाया

नरेंद्रनाथ की उम्र उस समय बारह वर्ष की थी, जब इंग्लैंड के प्रिंस ऑफ वेल्स (बाद में सम्राट् सप्तम एडवर्ड) भारत-परिदर्शन के लिए आए थे। उसी वर्ष सिरापिस नामक ड्रेडनट श्रेणी की एक विराट् रणतरी (जंगी जहाज) कलकत्ता बंदरगाह पर आई थी। नरेंद्र के मित्रों ने जिद की कि इस युद्धपोत को देखना होगा। सहमत होकर नरेंद्र सब के साथ चले। किंतु उनके मन में विचार उत्पन्न हुआ कि जहाज देखने के लिए चौरंगी में एक साहब के ऑफिस में जाकर अनुमति लेनी पड़ती थी।

इधर छोटे लड़के देखकर ऑफिस के दरबान ने उन लोगों को भगा दिया और साहब के ऑफिस में नहीं जाने दिया। किंतु नरेंद्र आसानी से मानने वाला नहीं था। उसने उस साहब का कमरा लक्ष्य किया। गौर किया कि दो-मंजिले पर जाने के लिए घर के पीछे से एक पतली घुमावदार लोहे की सीढ़ी है। दरबान की नजर बचाकर उस सीढ़ी से चढ़कर वह ऊपर गया तथा आवेदकों के दल में सम्मिलित होकर क्रमशः बड़े साहब के कमरे में उपस्थित हुआ। साहब माथा झुकाए हुए एक ओर आवेदन-पत्र पर हस्ताक्षर कर रहे थे। नरेंद्र की बारी आने पर उन्होंने भी आवेदन-पत्र साहब के सामने रखा और साहब ने हस्ताक्षर कर दिया। तब मुसकराते हुए वे सामने की सीढ़ी से नीचे आए और दरबान को गर्व के साथ दिखाया। अवाक् होकर हिंदीभाषी दरबान ने पूछा, "तुम कैसे ऊपर गया था?" कौतुक के साथ नरेंद्र ने कहा, "हम जादू जानता है।" और दरबान की ओर तीव्र दृष्टि डालकर साथियों के साथ आनंदपूर्वक जहाज देखने गए।

❑

# नरेंद्र और ब्रह्मपिशाच

बालक नरेंद्र बचपन से ही साहसी और बुद्धिमत्ता का धनी था। उसके सहपाठियों में उसके समान कोई दूसरा नहीं था। यह कथा भी उसके साहस और बुद्धिमत्ता का ही परिचय देती है। नरेंद्र के एक सहपाठी के घर पर चंपा के फूल का पेड़ था। बीच-बीच में वहाँ जाकर चंपा के पेड़ की डाल में पाँव लटकाकर हाथ छोड़कर सिर नीचा कर झूलने में वह प्रसन्न होता था। एक दिन ऐसा करते समय घर के मालिक रामरतन बसु महाशय ने नरेंद्र को देख लिया। इतने छोटे लड़के के गिर जाने से उसके हाथ-पैर टूट सकते हैं। चंपा के पेड़ की नरम डाल आसानी से टूट जाती है, अतः पेड़ को भी क्षति हो सकती है। यह सोचकर हड़बड़ाकर वे घर से बाहर आए। नरेंद्र को नीचे उतर आने को कहा और भविष्य में ऐसा न करने को कहा। नरेंद्र नीचे तो उतर आया, किंतु बूढ़े तो उनके पितामह की भाँति हैं, उनसे खुले मन से बातचीत हो सकती है। फिर नरेंद्र का तर्कशील मन केवल आदेश या पितामह की स्नेहपूर्ण वाणी से तो भुलावे में नहीं पड़ सकता था। इसी से उन्होंने पूछा, "क्यों, उस पेड़ पर चढ़ने से क्या होता है?" ऐसे मन वाले से कौन तर्क करे? भय दिखाना ही ठीक होगा, ऐसा सोचकर वृद्ध बसु महाशय ने कहा, "उस पेड़ पर एक ब्रह्मपिशाच है। उसका भयानक रूप है। जो उस पेड़ पर चढ़ता है, उसकी गरदन मरोड़ देता है।" पितामह की ऐसी युक्ति से नरेंद्र भुलावे में नहीं पड़ा। उसे उसने बच्चों को बहलाने वाली बात के रूप में ही ग्रहण किया और बूढ़े के चले जाने पर पुनः पेड़ पर चढ़ने को उद्यत हुआ।

उसने मन-ही-मन सोचा, यदि ब्रह्मपिशाच आता है तो उसकी देह पर थूक फेंककर उसे वशीभूत कर लूँगा। किंतु साथी ने कहा, "नहीं भाई, ऐसा काम मत करो, नहीं तो वह तुम्हारी गरदन मरोड़ देगा।"

नरेंद्र ने इस पर ठहाका लगाते हुए कहा, "तू भी जैसे गधा है। कोई एक बात कह गया, और उस पर ऐसे ही विश्वास कर लिया। यदि तेरे उस बूढ़े दादा की इस ब्रह्मपिशाच की बात सच्ची होती, तो बहुत पहले ही मेरी गरदन को मरोड़ दिया होता।"

प्रत्यूष की उज्ज्वल, रक्तिम आभा देखकर आने वाले दिन के संबंध में एक निर्भ्रांत धारणा बनती है। बचपन के गुणों को देखकर भावी मंगलमय जीवन का भी एक सुंदर पूर्वाभास पाना संभव होता है। कम से कम नरेंद्रनाथ के संबंध में यह बात निःसंकोच कही जा सकती है। नरेंद्र की देह सुगठित व सुंदर थी। दोनों नेत्र बड़े-बड़े और उज्ज्वल थे। गौर वर्ण, अंग-प्रत्यंग लावण्यमंडित और मुखमंडल पर प्रतिभा की दीप्ति, देखते ही प्यार करने की इच्छा होती। उसका मन सैकड़ों सुंदर कल्पनाओं से पूर्ण था। हृदय स्नेहभाव, बुद्धि कुशाग्र, अदम्य साहस, अद्‌भुत विचार-शक्ति, कार्यक्षमता असीम और सबसे बढ़कर थी उसकी ईश्वर के प्रति उन्मुखता। जन्म से ही वह ध्यानसिद्ध-आत्मज्योति में सदा निमग्न। पूजा, प्रार्थना, आत्मानुसंधान में बचपन से ही उसकी रुचि थी। ❑

# पुलिस का मामला

नरेंद्र नियमित रूप से शरीर को मजबूत करने के लिए नवगोपाल बाबू के अखाड़े में जाया करता। नवगोपाल बाबू ने भी नरेंद्र के उत्साह और कार्यक्षमता को देखकर अखाड़े की विधि-व्यवस्था का भार उसके एवं उसके मित्रों के ऊपर छोड़ दिया था।

एक दिन सभी लड़के मिलकर एक भारी ट्रॅपीज (कलाबाजी का समलंबाकार झूला) खड़ा करने का आयोजन कर रहे थे। तमाशा देखने के लिए वहाँ एक छोटी-मोटी भीड़ इकट्ठी हो गई थी। भीड़ में एक अँगरेज नाविक भी था। नरेंद्र ने उस नाविक को सहायता के लिए पुकारा। वह आनंदपूर्वक आगे आया। किंतु ट्रॅपीज की दो लकड़ियों को खड़ा करने के समय रस्सी के टूट जाने से अचानक वह गिर गया और उसका एक चौथाई भाग ऊपर उठकर नाविक के सिर पर गंभीर चोट दे गया। वह बेहोश होकर गिर पड़ा। उसका सिर फट गया और खून बहने लगा। एक तो दुर्घटना और उस पर अँगरेज नाविक घायल। अब पुलिस का मामला शुरू होगा, यह सोचकर सभी लोग भाग गए। किंतु नरेंद्र और उनके दो-एक मित्र नहीं भागे। उन लोगों ने खून पोंछकर, अपनी धोती फाड़कर पट्टी बाँध दी।

नरेंद्र नाविक के मुँह पर पानी छिड़ककर और पंखा झलकर उसे होश में लाए तथा उसे निकट के ट्रेनिंग एकेडमी विद्यालय में ले जाकर डॉक्टर को बुला लाया। नवगोपाल बाबू को भी खबर दी। हफ्ते भर की सेवा के बाद नाविक के पूर्ण स्वस्थ होने पर नरेंद्रनाथ ने कुछ चंदा इकट्ठा कर उसकी सहायता की और प्रसन्न मन से उसे विदा किया।

ऐसे अनेक उदाहरण उनके सहायता के देखने को मिल जाते हैं। उनके साथियों में हर कोई यह सोचता कि नरेंद्र उसे ही सर्वाधिक प्यार करते हैं। वह भी उन्हें प्राणों से ज्यादा प्यार करते थे। अतः बचपन के

जितने प्रकार के गुण समवयस्कों के हृदय को आकृष्ट करते हैं, वे सभी नरेंद्र के जीवन में पूर्ण रूप से विद्यमान थे। अथक कर्मशीलता, खेलकूद में निपुणता, शरारत आदि के साथ परिहास आदि में भी वे पटु थे। क्लास में प्रत्येक लड़के के लिए स्वयं कल्पना करके या पुराणादि से प्राप्त उत्कृष्ट नामों की सृष्टि कर वे उसे उसी नाम से पुकारा करते। वह भी इसमें एक अपनापन अनुभव कर प्रसन्न होता। सच्चरित्रता भी उनकी एक बड़ी संपदा थी। धर्म के लिए गंभीर व्याकुलता उनके जीवन में सर्वदा परिलक्षित होती थी। बाहरी दृष्टिकोण से उन्हें चंचल, विद्याविमुख आदि का कई लोगों को भ्रम होने पर भी उनकी मेधा और आत्मिक विकास की धारा तब भी अपनी अबाधित गति से प्रवाहित हो रही थी। नरेंद्र के सहपाठी के पिता नरेंद्र के गुणों से बहुत प्रभावित थे। उन्होंने नरेंद्र से पूछा, "लगता है, तुम दिन भर घर-घर घूमकर इसी तरह खेलते रहते हो। कभी पढ़ते-लिखते भी हो क्या?" नरेंद्र ने उत्तर दिया, "जी हाँ, मैं दोनों ही काम करता हूँ–खेलता हूँ और पढ़ता भी हूँ।"

उत्तर सत्य था, यह शीघ्र ही प्रमाणित हुआ।

इस वार्त्तालाप के कुछ ही दिनों बाद परीक्षा शुरू हुई। कविता-आवृत्ति, भूगोल, अंकगणित आदि सभी विषयों में नरेंद्र उत्तर देते गए। तब परीक्षक ने संतुष्ट होकर पूछा, "अच्छा-अच्छा! तुम्हारी देखभाल कौन करता है? तुम्हारे पिताजी तो लाहौर में रहते हैं?"

नरेंद्र ने उत्तर दिया, "हाँ, पिताजी तो सचमुच लाहौर में हैं, किंतु माँ तो यहाँ हैं, वे बस कह देती हैं और मैं स्वयं ही पढ़ता हूँ।"

परीक्षक ने प्रकट रूप से कुछ नहीं कहकर भी यह समझ लिया था कि भविष्य में वह निश्चय ही उन्नति करेगा। उन दिनों वे बराबर नरेंद्र की खोज-खबर लिया करते थे।

❑

# वारंट

कलकत्ते में उन दिनों सार्वनीन नाट्यशाला का आरंभिक सूत्रपात हुआ था। नरेंद्र बीच-बीच में नाटक देखने जाया करते थे। वहाँ एक रात की घटना से उनके साहस का विशेष परिचय मिलता है। एक जगह नाटक हो रहा था। उसी समय अदालत के चपरासी ने रंगमंच पर चढ़कर एक अभिनेता की गिरफ्तारी का वारंट दिखाया और कानून तथा अदालत का हवाला देकर उसे गिरफ्तार कर लिया। थियेटर रुक जाने की स्थिति उत्पन्न हो गई। यह देखकर नरेंद्रनाथ जोरों से गरज पड़ा, "स्टेज से निकल जाओ। जब तक नाटक समाप्त नहीं होता, तब तक बाहर खड़े रहो। इस तरह लोगों को तंग करने का क्या मतलब है?"

उसी क्षण उसके समर्थन में अनेक कंठों से वैसी ही आवाज में उच्चारित हुआ, "निकल जाओ, निकल जाओ, जल्दी निकलो।"

निरुपाय होकर चपरासी बाहर जा खड़ा हुआ, और जो नरेंद्र को पहचानते थे, उन सबने उसकी पीठ थपथपाते हुए कहा, "वाह-वाह भाई, वाह-वाह! तुम्हारे नहीं रहने पर आज सब गड़बड़ हो जाती।"

❑

# बुद्धदेव का दर्शन

नरेंद्र की ध्यान लगाने में सदा ही रुचि रहती थी। देवेंद्रनाथ ठाकुर से प्रोत्साहन पाकर वह और बढ़ गई, जबकि वह पहले से ही ध्यानसिद्ध था। अब ब्रह्मसमाज में आकर अपने बाल्यकाल के शिव, सीता-राम तथा दूसरे देव-देवियों का परित्याग कर वह निराकार के ध्यान में लीन हो गया। इन दिनों वह प्रार्थना करता, "हे प्रभु, तुम मुझे अपने सच्चे स्वरूप का दर्शन करने का अधिकारी बनाओ, और अपने मन से सारी चिंताओं को दूर करो।"

थोड़े दिनों तक ऐसा अभ्यास करने के फलस्वरूप उसकी ऐसी अवस्था हो गई कि ध्यान के क्षणों में उसके शरीर की चेतना का पूरी तरह लोप हो जाता। घर के सभी लोगों के सो जाने पर कई दिन इसी प्रकार ध्यान में बैठकर वह रातें काट दिया करता।

एक दिन ध्यान के बाद उन्हें दिव्य दर्शन हुए थे। उस दिन ध्यान समाप्त करने के बाद भी वह आसन पर बैठे। ध्यान का प्रभाव और आनंद तब भी बना था। अचानक उन्होंने देखा कि एक दिव्य ज्योति से सारा कमरा भर गया है और एक अपूर्व संन्यासी दक्षिण की ओर दीवार को भेदकर उपस्थित हो कुछ दूर पर खड़े हो गया। गेरुआ वस्त्र उसका परिधान था। हाथ में कमंडलु, प्रशांत मुखमंडल और सभी विषयों के प्रति उदासीनता के कारण एक अंतर्मुखी भाव से युक्त था। नरेंद्र आश्चर्य से अवाक् होकर उसकी ओर देखने लगे और वह सौम्य मूर्ति मानो कुछ कहने के लिए मृदु-मंथर गति से उनकी ओर बढ़ने लगी।

नरेंद्र हताश, भयभीत हृदय से उठकर द्वार खोलकर तेजी से बाहर निकल गए। दूसरे ही क्षण मन में हुआ कि यह तो ठीक नहीं हुआ। संन्यासी की बात सुननी चाहिए थी। तुरंत उन्होंने फिर कमरे में प्रवेश किया किंतु संन्यासी को फिर कभी नहीं देख सके।

❑

# सगुण और निर्गुण

एक दिन नरेंद्रनाथ और भक्तों के बीच गहन विचार चल रहा था कि भगवान् सगुण हैं या निगुण? भगवान् अवतार ग्रहण करते हैं अथवा यह पुराणों की कहानी मात्र है? शास्त्र की उन बातों पर अत्यंत सूक्ष्म विचार हो रहा था। अंत में नरेंद्रनाथ की ही जीत हुई थी। उन्होंने अन्य सभी युक्तियों को ध्वस्त कर दिया था। इसी समय श्रीरामकृष्ण उन लोगों के समीप आए और सबने सुना कि वे भजन गा रहे हैं, जिसका भाव यह था–

"मन तो भाव का विषय है। बिना भाव के क्या कोई उसे पकड़ सकता है? पहले अपनी शक्ति द्वारा काम–क्रोधादि को अपने वश में करो। उसका दर्शन न तो षड्दर्शनों ने पाया, न निगमागम तंत्रों ने। वह भक्ति–रस का रसिक सदा आनंदपूर्वक हृदय में विराजमान है। उस भक्ति–भाव को पाने के लिए बड़े–बड़े योगी युग–युगांतर से योग कर रहे हैं। जब भाव का उदय होता है, तब भक्त को वह अपनी ओर खींच लेता है, जैसे लोहे को चुंबक।"

इस तरह तर्क करने वाले लोग एक अपूर्व भाव से विभोर होकर उस अमृतमय कंठ के मनमोहक संगीत को सुनने लगे। यहीं तो हुई थी उन लोगों के समस्त विवादों की निष्पत्ति। अतः श्रीरामकृष्ण अपनी अनुभूति के स्तर से ही बातें किया करते थे और अपनी इच्छा के अनुरूप उस अनुभूति का दूसरों के मन में संक्रमण कर दिया करते थे।

नरेंद्रनाथ को अदृश्य और परोक्ष रूप में सहायता करने पर भी वे उन्हें अपने भाव से ही धर्मक्षेत्र में आगे बढ़ने देते थे। इन समस्त विचार आदि को वे अध्यात्म के क्षेत्र में अपनी धारणा को परिष्कृत करने का उपाय तथा शक्ति प्राप्त करने को एक प्रकार का व्यायाम मानते थे, क्योंकि साधना के द्वार पर ही तो सिद्धि होगी।

❑

# गुरु की अंतिम यात्रा

जिस प्रकार श्रीरामकृष्ण नरेंद्रनाथ को अपने शिष्यों में सबसे ऊँचा स्थान देते, नरेंद्रनाथ की गुरुभक्ति भी उसी प्रकार अतुलनीय थी। कैंसर रोग की प्रकृति के संबंध में उन दिनों कोई भी परिचित नहीं था। यद्यपि आजकल यह सुविदित है कि कैंसर संक्रामक रोग नहीं है, तथापि उन दिनों यह मालूम नहीं था। जब श्रीरामकृष्ण का कैंसर रोग बढ़ गया, तब कई लोग इस विषय में तर्क-वितर्क करते और उन लोगों की भावभंगिमा में अपने को बचाकर चलने का प्रयास दिखाई पड़ता था। इस मनोवृत्ति को दबाने के लिए विश्वास की प्रतिमूर्ति, प्रज्वलित पावक के समान नरेंद्रनाथ ने एक दिन श्रीरामकृष्ण के पथ्य ग्रहण करने के बाद उनके थूक-मिश्रित पथ्य का पात्र अपने हाथ में लेकर निःसंकोच भाव से बचे हुए पथ्य को पी लिया। उस दिन से सब का संदेह मिट गया। इसी तरह अपने शक्तिबल और श्रीरामकृष्ण के उपदेशों के फलस्वरूप नरेंद्रनाथ का कई रूपों में निर्माण हो रहा था।

क्रमशः काशीपुर के दिनों का अंत होने लगा। अगस्त महीने के मध्य में भक्तों के मन में यह आशंका दृढ़ होने लगी कि श्रीरामकृष्ण शरीर त्याग के लिए कृतसंकल्प हैं। तब भी उनके कार्यों का अंत नहीं हुआ था। महासमाधि के पहले से ही वे प्रत्येक संध्या को नरेंद्रनाथ को अपने पास बुलाते तथा अन्य शिष्यों को बाहर जाने को कहकर दो-तीन घंटों तक बंद कमरे में भावी कार्यों के संबंध में उपदेश देते। क्रमशः महासमाधि के तीन-चार दिन मात्र शेष रह गए हैं, यह जानकर एक दिन उन्होंने नरेंद्र को बुलाकर अपने सामने बैठाया और एकटक उनकी ओर देखते हुए समाधिस्थ हो गए। बाद में नरेंद्रनाथ कहा करते थे कि उन्हें ऐसा अनुभव हुआ था मानो विद्युत्-प्रवाह का एक सूक्ष्म ज्योतिपुंज उनके शरीर के भीतर प्रविष्ट होता जा रहा है। अंत में वे भी अपना बाह्यज्ञान

खो बैठे थे। कितनी देर इस प्रकार बीत गई, इसे वे समझ नहीं पाए। चेतना लौटने पर उन्होंने देखा कि श्रीरामकृष्ण के नेत्रों से अश्रुप्रवाह चल रहा है। अत्यंत चकित होकर ऐसा करने का कारण पूछने पर श्रीरामकृष्ण ने कहा, "तुझे अपना सर्वस्व देकर आज मैं फकीर हो गया। तू इस शक्ति द्वारा जगत् का बहुत सारा कार्य संपन्न करेगा और कार्य समाप्त होने पर अपने मूल स्थान को लौट जाएगा।"

यह सुनकर नरेंद्रनाथ भी बच्चे की भाँति रोने लगे–उद्वेलित भावावेग से कंठ रुद्ध हो जाने के कारण उनके मुँह से कोई शब्द नहीं निकला। लीला-सँवरण के दो दिन पहले उन्होंने नरेंद्र को फिर कहा, "देखो नरेन, तेरे हाथों में इन सब को दिए जाता हूँ, क्योंकि तू सबसे बुद्धिमान और शक्तिशाली है। इन्हें खूब प्यार करना, जिससे पुनः घर नहीं लौटकर एक स्थान में रहकर ये सब साधन-भजन में मन लगा सकें। इसकी व्यवस्था करना।"

श्रीरामकृष्ण के अस्वस्थ रहने की स्थिति में नरेंद्रनाथ अपनी अनिच्छा व्यक्त नहीं कर पाते थे, जब महासमाधि का क्षण निकट है तब कैसे व्यर्थ कष्ट देने का साहस जुटा पाएँ? रोग से जर्जर शरीर, क्षीण स्वरयुक्त श्रीरामकृष्ण के इस अंतिम आदेश के विरुद्ध कुछ कहना असंभव था। उस समय नरेंद्रनाथ का संपूर्ण हृदय दुःख से भरा हुआ और इस प्रश्न से व्याकुल था कि क्या सचमुच श्रीरामकृष्ण के लीलावसान का समय आ गया है? इतने दिनों का सबकुछ क्या समाप्त होने को है?

तब भी, अर्थात् श्रीरामकृष्ण के लीला-सँवरण के मात्र दो दिन पूर्व भी नरेंद्रनाथ का विचारप्रवण किंतु सत्यान्वेषी मन अवतारवाद के संबंध में संदेह रहित नहीं हो पाया था, अथवा किसी अज्ञात दैवी उद्देश्य की पूर्ति के लिए उस समय उनके अत्यंत पवित्र मन में एक अद्भुत जिज्ञासा उत्पन्न हुई। श्रीरामकृष्ण की शय्या के निकट खड़े रहकर वे सोचने लगे, "अच्छा, उन्होंने तो कई अवसरों पर अपने को भगवान् का अवतार कहकर अपना परिचय दिया है, यदि इस समय कह सकें, 'मैं भगवान् हूँ,' तभी विश्वास करूँगा।" कैसी अपूर्व लीला! ज्योंही विचार उत्पन्न हुआ, त्योंही उस दारुण रोग-यंत्रणा के बीच भी श्रीरामकृष्ण ने उनके मुँह की ओर अपना मुँह घुमाकर कहा, "क्या तुझे अब भी विश्वास नहीं हुआ? सच-सच कह रहा हूँ, जो राम, जो कृष्ण हैं, वही इस बार इस शरीर में रामकृष्ण हुए हैं–पर हाँ, तेरे वेदांत की दृष्टि से नहीं।" श्रीरामकृष्ण के इस अप्रत्याशित अत्यंत स्पष्ट आत्मप्रकाश से नरेंद्रनाथ ऐसे विस्मित हुए कि एकाएक यदि वहाँ वज्रपात हुआ होता, तो

भी वे इस तरह नहीं चौंकते। उनका संदेह अविलंब मिट गया। इस प्रकार युगावतार के द्वारा बार-बार अपना परिचय देने के बाद भी इतने दिनों तक संदेह पालकर अंतिम समय भी उन्हें कष्ट दिया, इस आत्मग्लानिपूर्ण विचार और पश्चात्ताप से जर्जर वे मौन भाव से आँसू बहाने लगे।

इसके बाद आया अंतिम दिन—श्रावण संक्रांति, झूलन पूर्णिमा (13 श्रावण)। उस दिन (5 अगस्त) श्रीरामकृष्ण पाँच-छह तकियों का सहारा लेकर बैठे थे। उसी समय श्रीमाँ के वहाँ आकर आँसू बहाते रहने पर श्रीरामकृष्ण ने सांत्वना देकर कहा, "तुम्हें चिंता क्या है? जिस प्रकार रहती थीं उसी प्रकार रहोगी। और ये सब (नरेंद्र आदि) जिस प्रकार मेरी सेवा करते हैं, उसी प्रकार तुम्हारी भी करेंगे।" इसके बाद तीन बार महाकाली का नाम लेकर महासमाधि में लीन हो गए। एक आनंदपूर्ण सिहरन से उन्हें रोमांच हुआ, सिर के बाल तक खड़े हो गए और समस्त मुखमंडल एक दिव्य हास्य से अनुरंजित हो गया। उस समय रात्रि के 1 बजकर 2 मिनट हुए थे।

दूसरे दिन काशीपुर के श्मशान घाट पर दाह-संस्कार के बाद रामकृष्ण की पवित्र अस्थियों से भरे पात्र को सिर पर उठाकर उद्यान-भवन में उनके ही सोने के कमरे में रखा गया और पूजा आदि की व्यवस्था हुई। भक्तों के मुख से समवेत स्वर में गूँज उठा, 'जय रामकृष्ण', 'जय रामकृष्ण', 'जय रामकृष्ण'।

❑

# मन की पीड़ा

अगस्त महीने के समाप्त होने के साथ-साथ काशीपुर का उद्यान भवन छोड़ दिया गया। जो कुछ युवक श्रीमाँ के पहले या उनके साथ वृंदावन गए थे, उन्हें छोड़कर बाकी सब अपने घर लौटकर पढ़ने-लिखने या दूसरे कामों में लग गए। श्रीरामकृष्ण ने कई लोगों को गेरुआ वस्त्र प्रदान किया था और सबको त्याग की महिमा बताकर उन लोगों को संघबद्ध करने का भार नरेंद्रनाथ के हाथों में सौंप दिया था। किंतु ऐसी परिस्थिति में श्रीरामकृष्ण के शरीर-त्याग के तुरंत बाद ही उस आदेश के कार्यान्वयन की संभावना नहीं देखी गई थी। युवकों के संकल्प को वयस्कों की सहानुभूति नहीं मिली। वयस्कों और युवकों के बीच जो मतभेद काशीपुर से शुरू होकर कुछ दिनों तक चला था और जो काशीपुर के अधिक खर्चे, चिता-भस्म की स्थापना की बात आदि घटनाओं के माध्यम से व्यक्त हो रहा था, उसके समाधान का उपाय तब तक भी युवकों के पास नहीं था। पुराने भक्तों की इस सहानुभूति-शून्यता का उल्लेख कर स्वामी विवेकानंद ने परवर्ती-काल (1895 ई.) में स्वामी ब्रह्मानंद को एक पत्र में लिखा था, "तुम्हें याद है कि श्रीरामकृष्ण के निर्वाण के पश्चात् किस प्रकार सभी लोगों ने हमें निकम्मा और दरिद्र बालक समझकर हमारा परित्याग कर दिया था। केवल बलराम, सुरेश, मास्टर और चुनी बाबू जैसे लोग ही आवश्यकता के उन क्षणों में हमारे मित्र थे। और हम उनसे कभी उऋण नहीं हो सकते।"

इसके और भी बाद अमेरिका में 'मेरा जीवन तथा ध्येय' विषय पर व्याख्यान देते समय उन्होंने कहा था, "हमारे कोई मित्र न थे। जरा सोचो, बारह लड़के लोगों को महान् सिद्धांत सुनाएँ और कहें कि वे उन विचारों को जीवन में चरितार्थ करने के लिए कृतसंकल्प हैं। हाँ, सभी ने हँसी

की। हँसी करते वे गुस्सा हो गए–हमारे पीछे पड़ गए, उत्पीड़न करने लगे। बालक की कल्पनाओं से सहानुभूति करता भी कौन ऐसी कल्पनाएँ, जिनसे औरों को तकलीफ ही होती? मुझसे भला किसको सहानुभूति होती?

❑

# दिव्य दर्शन

श्रीरामकृष्ण देव की महासमाधि के बाद के दिनों के दुःख से भरे, विफलतामय और निराशा से पूर्ण होने पर भी श्रीरामकृष्ण स्वयं अदृश्य रूप से अपने उद्देश्य की सिद्धि के उपाय कर रहे थे। उनके भक्त और 'रसददार' सुरेंद्रनाथ मित्र (श्रीरामकृष्ण जिन्हें सुरेश कहकर पुकारते थे।) एक दिन ऑफिस (कार्यालय) से लौटकर पूजाघर में ठाकुर के ध्यान में लीन थे, उसी समय उन्हें एक दिव्य दर्शन हुआ। उन्होंने अचानक देखा कि श्रीरामकृष्ण उनके सामने प्रकट होकर कह रहे हैं, "तू क्या करता है? मेरे बच्चे सब राह में भटक रहे हैं, पहले उसकी कोई व्यवस्था कर।" यह सुनते ही सुरेंद्र पागल की भाँति अपने ही मुहल्ले में रहने वाले नरेंद्रनाथ के घर पर शीघ्र उपस्थित हुए और सारा वृत्तांत सुनाकर अश्रुसिंचित स्वर में कातर भाव से कहा, "भाई, एक आश्रम बनाओ, जहाँ श्रीरामकृष्णदेव का चित्र, भस्मादि और उनके द्वारा व्यवहृत वस्तुओं को रखकर नियमानुसार पूजा-अर्चना हो सके, जहाँ काम, कांचन, त्यागी तुम भक्तगण एक स्थान पर रह सको। कभी-कभी हम लोग वहाँ जाकर अपने हृदय की दाह मिटा सकेंगे। मैं काशीपुर के बगीचे में श्रीरामकृष्ण की सेवा के लिए जो कुछ दिया करता था, वह अब भी दूँगा।"

इस दान की बात सुनकर नरेंद्रनाथ आनंद से आत्मविभोर हो गए और मकान की खोज में लग गए। वृंदावन में रह रहे गुरु-भ्राता तारकनाथ को उन्होंने पत्र लिखा कि वे तैयार रहें। मकान मिलते ही तार किया जाएगा एवं उन्हें तुरंत आकर नए मठ का कार्यभार सँभालना होगा। तारकनाथ भी तदनुसार काशीधाम तक आकर उनके दूसरे निर्देश की अपेक्षा करने लगे।

इधर नरेंद्रनाथ और उनके वराहनगर निवासी मित्र भवनाथ के

अदम्य प्रयास से वराहनगर के गंगातट के समीप भुवनदत्त का एक जर्जर उद्यान भवन ग्यारह रुपए मासिक किराए पर लिया गया। भुवनदत्त का मकान असल में टाकी के जमींदार मुंशी बाबुओं का था। यह मकान जीर्ण और परित्यक्त था, इसी से लोग उसे 'भुतहा मकान' कहा करते थे। इस जीर्ण भुतहा मकान में केवल छह कमरे थे। मकान किराया और टैक्स के लिए निर्धारित ग्यारह रुपयों के अतिरिक्त रसोइए को छह रुपए महीना और मठवासियों के अन्यान्य खर्चों के रुपए भी सुरेंद्रनाथ देते। इस प्रकार उनके माहवार दान की रकम लोगों के बढ़ने के साथ-साथ बढ़कर एक सौ रुपए तक हो गई थी।

❑

# मठ की स्थापना

किराए का मकान हो जाने पर सुरेंद्र बाबू के निर्देशानुसार छोटे गोपाल श्रीरामकृष्ण के कुल सामान के साथ उस मकान में निवास करने गए। उनके साथ शशी नामक ब्राह्मण रसोइया गया। रात में शरत आकर रह गए। इधर नरेंद्रनाथ का तार पाकर तारकनाथ ने शीघ्र लौटकर बलराम भवन में नरेंद्रनाथ से मुलाकात की और वे स्टेशन से जिस घोड़ागाड़ी से आए थे, उसी गाड़ी में उसी समय नरेंद्र और राखाल के साथ वराहनगर मठ आ गए।

तारक ने पहले ही गृह-त्याग किया था, अतएव वे ही उस मठ के प्रथम स्थायी मठनिवास करने वाले हुए। बूढ़े गोपाल भी इसी समय किसी दिन मठ में आए। काली भी एक महीने के बाद वृंदावन से लौटकर मठवासी हुए। नरेंद्र, शशी, राखाल, शरत, बाबूराम एवं निरंजन आदि का भी मठ में आवागमन होने लगा। लाटू और योगींद्र तब भी वृंदावन में ही थे। इस प्रकार आश्रयहीन, असहाय और निःसंबल काली, लाटू, तारक और बूढ़े गोपाल के रहने योग्य स्थान की व्यवस्था करना मठ स्थापना का मुख्य उद्‌देश्य होने पर भी क्रमशः उसके निवासियों की संख्या बढ़ने लगी। इस तरह नरेंद्रनाथ की सबको एकत्र करने के पीछे एकनिष्ठता और चेष्टा थी। वस्तुतः इसी से यह संभव हुआ था।

अपने घर-विषयी मामले में परेशान रहने पर भी वे अकसर मठ में आते और कार्यों का निरीक्षण करते। क्रमशः ऐसा हुआ कि कार्यवश उनके कलकत्ता जाने पर भी उन्हें रात में अकसर मठ में ही रहना पड़ता था तथा दिन का अधिक भाग भी वहीं व्यतीत होता और युवक भक्तों के घर-घर जाकर उनके साथ श्रीरामकृष्ण द्वारा प्रदर्शित त्यागमूलक साधना आदि के संबंध में चर्चा करते एवं सबके भीतर वैराग्य का जो बीज पहले से ही बोया हुआ था, उसे शीघ्र अंकुरित करने के लिए प्रयत्नशील रहते। ❑

# मठ में भजन-कीर्तन

ठाकुर-घर के बीच में श्रीरामकृष्ण का बिस्तर, धरती पर चटाई, गद्दी, चादर और उस पर तकिया लगा था। श्रीरामकृष्ण का चित्र उस पर रखा था। बिस्तर के पायताने में श्रीरामकृष्ण की अस्थि का ताम्रकलश और उनकी पादुका एक चौकी पर रखी थी। पूजा के पात्र के सामने बैठकर शशी महाराज नित्य पूजा आदि करते थे। शशी महाराज के द्वारा संध्या में आरती करना एक अपूर्व कार्य था, जो देखने लायक था। जब वे धूप-धूना, खोल कर-ताल वाद्य-यंत्रों के बीच आरती के अंतिम चरण में चामर डुलाते-डुलाते भाव में उन्मत्त होकर 'जय गुरुदेव, श्री गुरुदेव' कहकर भीषण हुंकार करते हुए ताल-ताल पर उद्दाम नृत्य कर एक ओर से दूसरी ओर तक नाच-नाचकर घूमते-फिरते तब सब के भीतर जिस अपूर्व भक्ति-भाव का संचार होता, उसे व्यक्त नहीं किया जा सकता है।

ऐसा लगता मानो पूरा मकान काँप रहा है। दर्शकगण श्रीरामकृष्ण के भंडारघर से उनके साथ स्वर मिलाकर 'जय गुरुदेव, श्री गुरुदेव' का उच्चारण करते-करते आवेग में नृत्य करने लगते। मठ के गुरुभाई अपने आपको भूत तथा दानव कहते थे, क्योंकि भूत-दानव शिवजी के अनुयायी हैं और जिस कमरे में सब एक साथ बैठते थे, उसे दानवों का कमरा कहते थे। जो लोग एकांत में ध्यान धारणा और पाइ आदि करते थे, वे लोग दक्षिणी दिशा के कमरे में रहते थे। काली द्वार बंद करके अधिकतर उसी कमरे में रहते थे, इसलिए मठ के गुरुभाई उस कमरे को काली तपस्वी का कमरा कहते थे। काली तपस्वी के कमरे के उत्तर में पूजाघर था। उसके उत्तर में जो कमरा था, उसमें नैवेद्य रखा जाता था।

उसी कमरे में खड़े होकर लोग आरती देखते और वहीं से भगवान् श्रीरामकृष्ण को प्रणाम करते थे। नैवेद्य वाले कमरे के उत्तर में 'दानवों

का कमरा था', इसके उत्तर की तरफ एक और छोटा सा कमरा था। वह 'पान-घर' पुकारा जाता था। यहाँ भक्तगण भोजन करते थे।

दानवों के कमरे के पूर्व कोने में दालान था। उत्सव होने पर भोजन आदि की व्यवस्था इसी कमरे में की जाती थी। दालान के ठीक उत्तर तरु-रसोईघर था।

❑

# दानवों का कमरा

दानवों का कमरा ही उन लोगों के साधना-भजन और वार्त्तालाप विवेचना आदि का मुख्य केंद्र था। यहाँ नरेंद्रनाथ के देव-दुर्लभ स्वर का संगीत सुनकर सभी मुग्ध हो जाते, भाव-विभोर हो जाते। हरिनाम-कीर्तन आदि भी यहीं होते, फिर संगीत-शिक्षा, शास्त्र-अध्ययन, भक्तों से सत् चर्चा आदि से भी यह कमरा गूँजता रहता। इन सभी कार्यों के केंद्र स्वयं नरेंद्रनाथ थे। उनका सुंदर, सुगठित और सबल शरीर, उनकी ज्योतिर्मय, देह-कांति, प्रशस्त ललाट पर प्रतिभा के चिह्न, प्रशांत वदन में अंकित दृढ़ संकल्प, विशाल युगल नयनों की अपूर्व मोहिनी-शक्ति, बोलचाल में प्रस्फुटित एक स्वच्छंदता और आत्मविश्वास, वेशभूषा में वैराग्य की सुस्पष्ट छाप तथा आचार-व्यवहार में निश्छलता, सहृदयता और दूसरों के प्रति श्रद्धा सदा व्यक्त होती रहती थी। उनके चिंतन में अद्‌भुत साहस, गांभीर्य और प्रचुर ज्ञान का समावेश था। उनके कार्यों में महावीर के समान क्लांतिहीनता और गुरु-भक्ति थी। कुल मिलाकर यह नवीन युवक स्वतः ईश्वर-निर्दिष्ट नेता प्रतीत होता और बिना कहे भी किसी को उन्हें पहचानने में देर नहीं होती। कहने की आवश्यकता नहीं कि श्री रामकृष्ण के निर्देशानुसार, नरेंद्रनाथ के प्रति अगाध प्रेम के फलस्वरूप और नरेंद्रनाथ के व्यक्तित्व के प्रभाव से युवक भक्तों ने बिना मीन-मेख के निर्विरोध रूप से उन्हें उच्च आसन प्रदान कर दिया था। श्रीमद् स्वामी अभेदानंद ने लिखा है, "हम सब के मन में था कि महासमाधि के पूर्व एक दिन रात में श्रीरामकृष्ण ने नरेंद्रनाथ को अपने पास बुलाकर कहा था, 'तू लड़कों को इकट्ठा रखकर देखभाल करना।' हम लोग श्रीरामकृष्ण के उसी निर्देश को याद कर नरेंद्रनाथ को ही सबका प्रधान बनाकर उनके निर्देश के अनुसार चलते और मठ में नियमित रूप से ध्यान-धारणा, पूजा-पाठ, कीर्तन आदि कर दिन व्यतीत करते। स्वभावतः नरेंद्रनाथ ही

हम लोगों के सभी प्रकार की आशा और सुख-संतोष के केंद्र थे।"

वराहनगर मठ की तब भी प्रारंभिक अवस्था थी। त्यागी भक्तों में संभवत: तारक, बूढ़े गोपाल, काली और शशी वहाँ स्थायी रूप से रह रहे थे। तभी श्रीयुत बाबूराम के घर ओटपुर से बड़े दिन के अवसर पर वहाँ आने का निमंत्रण आया। पहले यह बात तय थी कि नरेंद्र, बाबूराम आदि दो-चार व्यक्ति जाएँगे, किंतु धीरे-धीरे सभी को जानकारी हो जाने से एक अच्छा-खासा दल खड़ा हो गया। नरेंद्र, बाबूराम, शरत, शशी, तारक, काली, निरंजन, गंगाधर और सारदा ट्रेन पर सवार हो वहाँ के लिए चले। वे हाथ में तबला और तानपुरा लेना नहीं भूले। हावड़ा स्टेशन से तारकपुर जाने वाली गाड़ी पर चढ़ते ही नरेंद्रनाथ ने गाना शुरू किया, 'शिव-शंकर बम बम भोला।' इस तरह पूरे रास्ते गाने-बजाने और आनंद की ध्वनि मुखरित कर सब हरिपाल स्टेशन पर उतरे तथा वहाँ से आठ मील रास्ता घोड़ा-गाड़ी से तय कर शाम के पहले ओटपुर पहुँचे। उन सबको पाकर बाबूराम की माता श्रीमती मातंगिनी देवी आनंद से आत्मविभोर हो गईं। उन्होंने सबको पुत्र के समान मानकर उनके भोजन और शयन की अच्छी व्यवस्था कर दी। जमींदार के घर में लोगों की कमी नहीं होने पर भी इन लोगों के सेवा-सत्कार का भार उन्होंने अपने ऊपर ले लिया। गाँव की हरियाली के बीच श्रीरामकृष्ण के भक्त परिवार में स्वच्छंदतापूर्वक आहार-विहार का सुअवसर पाकर त्यागी युवकों ने भगवान् की आराधना और भगवत्-चिंतन में अपना जीवन सौंप दिया। श्रीरामकृष्ण का प्रेम, उपदेश, आदर्श, जीवन और उनके द्वारा अर्पित उत्तराधिकार आदि ही उन लोगों की अविराम चर्चा के विषय थे और साथ-साथ शास्त्रों की व्याख्या, स्तोत्र-स्तुति, भजन-संगीत, कीर्तन और जप-ध्यान तो चलते ही रहते। इस प्रकार एक प्रगाढ़ आकर्षण से वे सब जैसे अपने-अपने अलग अस्तित्व को भूलकर नरेंद्रनाथ के नेतृत्व में एक अखंड चैतन्य सत्ता में रूपांतरित हो गए।

❑

# ओटपुर की घटना

24 दिसंबर (10 पौष, शुक्रवार) की एक अकल्पनीय घटना के कारण ओटपुर श्रीरामकृष्ण संघ के इतिहास में अविस्मरणीय हो गया। संध्या के बाद बाहर से धूनी जलाकर तारों से भरे उज्ज्वल खुले आकाश के तले श्रीरामकृष्ण के त्यागी संतानवृंद ध्यान में लीन हो गए। ध्यान के समाप्त होने पर भी वे सब भगवत्-चर्चा में रत थे। उसी समय नरेंद्रनाथ ईसा मसीह के त्याग-तपस्यापूर्ण अपूर्व जीवन की आद्योपांत कथा मर्मस्पर्शी भाषा में अबाध रूप से कहने लगे। इसके उपरांत संत पॉल से शुरू कर ईसा मसीह के अन्य विभिन्न त्यागी शिष्यों के अथक परिश्रम और आत्मसमर्पण के फलस्वरूप किस प्रकार ईसाई धर्म और ईसाई संप्रदाय का प्रचार-प्रसार हुआ, उसके इतिहास का वर्णन कर वे अपने गुरुभाइयों को त्याग-ऐश्वर्य से मंडित प्रेरणामय एक नवीन संसार में ले गए। उन्होंने सब से साग्रह निवेदन किया कि वे सब भी मानो ईसा मसीह और उनके शिष्यों की भाँति पवित्र जीवन धारण कर उसे विश्व-कल्याण में उत्सर्ग कर सकें। उस प्राणदायी वक्तृता के प्रभाव से गुरुभाई उठ खड़े हुए और एक-दूसरे के सामने धूनी की धधकती अग्नि-शिखा को साक्षी कर श्रीभगवान् के चरण-कमलों में उन्होंने अपना अटूट संकल्प प्रकट किया कि वे सब संसार का परित्याग करेंगे।

सामने की अग्नि-शिखा ने उन लोगों के भावोज्ज्वल शरीर पर प्रतिफलित होकर उस आवेगमय प्रतिज्ञा को और भी मुखरित कर दिया। सारा वायुमंडल मानो अपूर्व भगवत्-प्रेरणा से सिहर उठा। फिर सामान्य भूमि पर उन लोगों के मन में उतर आने पर वे यह सोचकर आश्चर्यचकित हो गए कि वह संध्या ईसा मसीह के आविर्भाव का पूर्वकाल थी। परवर्ती दिनों में संघ-गठन में ओटपुर के सहयोग को स्मरण कर पूज्यपाद स्वामी शिवानंद (तारकनाथ) ने कहा था, "ओटपुर में ही

हम लोगों के संघबद्ध होने का संकल्प दृढ़ हुआ। श्रीरामकृष्ण ने तो हम लोगों को संन्यासी बना ही दिया था, किंतु वह भाव ओटपुर में और भी पक्का हो गया।" इस प्रकार ओटपुर में एक सप्ताह बिताकर वे सब मठ या कलकत्ते में अपने-अपने स्थान पर लौट आए।

❑

# स्वामीजी का प्रश्न

कुछ समय आश्रम में व्यतीत करने के बाद नरेंद्रनाथ को लगने लगा कि एक ही स्थान पर जमे रहने से गुरुदेव श्रीरामकृष्ण परमहंस की शिक्षाओं का प्रचार-प्रसार नहीं हो सकता; लोगों को उनका लाभ नहीं मिल सकता।

अगस्त, 1888 को नरेंद्रनाथ ने गेरुए वस्त्र धारण कर और हाथ में दंड-कमंडलु लेकर उत्तर भारत के तीर्थों का भ्रमण किया। अब लोग उन्हें नरेंद्रनाथ के बजाय स्वामी विवेकानंद कहने लगे थे।

एक बार स्वामी विवेकानंद भ्रमण करते-करते अलवर जा पहुँचे। अलवर राज्य के दीवान स्वामीजी के परम-भक्त बन गए। तब उन्होंने अलवर के महाराज से स्वामीजी की भेंट कराई।

अलवर के महाराज बोले, "स्वामीजी! आप तो इतने बड़े विद्वान् हैं। यदि चाहें तो एक ही स्थान पर रहते हुए बहुत धनोपार्जन कर सकते हैं। फिर आप शहर-शहर और गाँव-गाँव जाकर भिक्षा प्राप्त करके क्यों जीवनयापन करते हैं?"

प्रश्न के प्रति प्रश्न करते हुए स्वामीजी बोले, "आप अपने राजकार्य को विस्मृत करके अँगरेज अधिकारियों के साथ शिकार खेलने में व्यस्त क्यों रहते हैं?"

वहाँ उपस्थित राज्य के अधिकारी स्वामीजी का प्रश्न सुनकर काँप उठे कि कहीं महाराज क्रुद्ध न हो जाएँ, किंतु महाराज मुसकराकर बोल पड़े, "मुझे अच्छा लगता है।"

स्वामीजी भी हँसकर बोले, "साधू-वेश में घूमना मुझे भी अच्छा लगता है, किंतु दोनों के अच्छे लगने में अंतर है। एक का अच्छा लगना निरुद्‌देश्य है और दूसरे का उद्‌देश्यपरक।"

स्वामी का स्पष्ट उत्तर सुनकर महाराज ने उनके चरण-स्पर्श किए।

भारत-भ्रमण के दौरान स्वामीजी की भेंट एक मुसलमान वकील से हो गई। स्वामीजी के प्रदीप्त मुखमंडल को देखकर वकील उनका शिष्य बन गया और अपने घर ले आया।

एक दिन खेतड़ी राज्य के सेक्रेटरी श्री जयमोहन स्वामीजी के दर्शन करने आए। उस समय वे एक चारपाई पर लेटे हुए थे। उन्होंने कोपीन धारण किया हुआ था। सेक्रेटरी साहब ने समझा, कोई मामूली संन्यासी होगा। पूछ बैठे, "महाराज, आप हिंदू हैं?"

"हाँ, हिंदू ही हूँ।"

"फिर आप मुसलमान के यहाँ क्यों खाते हैं?"

"क्योंकि मैं हिंदू हूँ।"

"किंतु महाराज धर्मनिष्ठ हिंदू तो मुसलमान के हाथ का नहीं खाते?"

"वे अज्ञानी हिंदू हैं।"

"अज्ञानी क्यों महाराज?"

"इसलिए कि उन्हें वेदों का ज्ञान नहीं है। वेदों में कहीं भी इस तरह का कोई प्रसंग नहीं है कि किसका छुआ खाया जाए और किसका नहीं।"

यह सुनकर सेक्रेटरी साहब ने स्वामी की चरण-रज लेकर माथे से लगाई और उन्हें खेतड़ी ले गए। खेतड़ी के महाराज ने बड़ी श्रद्धा-भक्ति से स्वामीजी का आदर-सत्कार किया। महाराज को उन्होंने पुत्र-प्राप्ति का आशीर्वाद दिया और कुछ आत्मदर्शन के उपदेश भी दिए।

स्वामी विवेकानंद ने हिमालय से लेकर कन्याकुमारी तक पूरे देश का भ्रमण किया। देश की समस्याओं के लिए उन्होंने राजाओं-महाराजाओं, नवाबों और जागीरदारों से बातें कीं और उन्हें उपदेश दिए। ❑

# शिकागो में भाषण

अमेरिका के प्रसिद्ध शहर शिकागो में सर्वधर्म सम्मेलन होने वाला था। इस बात की चर्चा पूरे देश में फैली हुई थी। विश्व के लगभग सभी देशों से विभिन्न धर्मों के प्रतिनिधि उसमें भाग लेने के लिए आमंत्रित किए गए थे। भारत से कई प्रतिनिधि शिकागो के लिए अधिकृत किए जा चुके थे। कुछ राष्ट्रप्रेमियों की प्रेरणा और सहयोग से स्वामी विवेकानंद को भी शिकागो सर्वधर्म सम्मेलन में भेजने के लिए प्रयास किए जाने लगे।

इन लोगों के प्रयास सफल हुए और 31 मई, 1893 को स्वामीजी अमेरिका जाने के लिए जलयान पर सवार हुए। सिंगापुर और जापान होते हुए वे शिकागो पहुँचे। शिकागो में पहुँचकर ही स्वामीजी को पता चला कि सर्वधर्म सम्मेलन सितंबर में आरंभ होगा। इस सम्मेलन में बिना परिचय-पत्र के किसी भी वक्ता को सम्मिलित नहीं किया जाएगा।

स्वामीजी के पास कोई परिचय-पत्र नहीं था और सबसे बड़ी बात यह कि परिचय-पत्र के आवेदन की अंतिम तिथि भी निकल चुकी थी। उनके पास इतना पैसा भी नहीं था कि सितंबर तक ठहरने का खर्च वहन कर पाते। स्वामीजी को यह प्रतीत होने लगा कि संभवतः इस सम्मेलन में भाग लेने का अवसर न मिल सकेगा, फिर भी वे सम्मेलन में भाग लेने और न लेने की इच्छा ईश्वर पर छोड़कर बोस्टन के लिए रवाना हो गए।

इस यात्रा में स्वामीजी की भेंट एक धनी महिला से हुई। वह स्वामीजी को अपने साथ ले गईं। उनके निवास पर ही स्वामीजी की भेंट मिस्टर एच.जे. राइट से हुई। मिस्टर राइट हार्वर्ड विश्वविद्यालय में ग्रीक भाषा के विख्यात प्रोफेसर थे। उन्होंने सर्वधर्म सम्मेलन से संबद्ध डॉ. बैरोज के नाम एक पत्र लिखकर स्वामीजी को दे दिया। इस पत्र में

उन्होंने स्वामीजी को सम्मेलन में शामिल करने की सिफारिश की थी। उन्होंने लिखा था–

"प्रिय बैरोज!

मेरा दृढ़ विश्वास है कि यह अज्ञात हिंदू संन्यासी सम्मेलन में देश-विदेश से आए सभी विद्वानों के मुकाबले अकेला ही सबसे अधिक योग्य सिद्ध होगा।"

–प्रोफेसर जे.एच. राइट

यह पत्र लेकर स्वामीजी शिकागो आ गए, मगर दुर्भाग्य से यह पत्र कहीं खो गया। सही पता-ठिकाना न मिल पाने के कारण उन्हें अत्यंत कष्टदायक स्थिति का सामना करना पड़ा। यह रात उन्होंने किसी प्रकार ठिठुरकर बिताई। अगले दिन संयोगवश उनकी भेंट एक सहृदय महिला से हो गई। परिणामस्वरूप उनका इस सम्मेलन में भाग लेना सुनिश्चित हुआ।

भारत की ओर से विभिन्न धर्मों के प्रतिनिधि सर्वधर्म सम्मेलन में भाग लेने के लिए शिकागो पहुँच चुके थे। जैन समाज की ओर से वीरचंद्र त्यागी, ब्रह्मसमाज की ओर से प्रतापचंद्र मजूमदार और मुंबई से श्री नागरकर तथा थियोसोफिकल सोसाइटी की ओर से श्रीमती ऐनी बीसेंट और मिस्टर चक्रवर्ती शिकागो पहुँच चुके थे।

भारत से आए प्रतिनिधियों ने युवा संन्यासी स्वामी विवेकानंद को देखा तो वे द्वेष से जल उठे। वे सोच रहे थे कि इतनी कम आयु और अनुभव का यह संन्यासी इस विशाल सम्मेलन में भला क्या बोल पाएगा। ❑

# लंदन में सभा

15 अप्रैल, 1896 को स्वामीजी अमेरिका से पुनः इंग्लैंड जा पहुँचे। स्वामीजी वहाँ नियमित रूप से शिक्षादान व प्रश्नोत्तर कक्षाओं का संचालन करने लगे। उन दिनों भारत इंग्लैंड के सत्तारूढ़ दल के अधीन था। एक दिन लंदन की सभा में जब स्वामीजी भारत का गौरवगान कर रहे थे, तब एक व्यक्ति ने कहा, "भारत के हिंदुओं ने अब तक किया ही क्या है? वे कभी किसी दूसरे देश पर विजय प्राप्त नहीं कर सकते।"

इस पर स्वामीजी ने बिना विचलित हुए उत्तर दिया, "ऐसा मत कहिए श्रीमान! उन्होंने बेवजह कभी किसी दूसरे देश को कष्ट देने के लिए आक्रमण नहीं किया और न ही उसे विजय करना चाहा। यही उनका गौरव है। भारतवासी कभी किसी चीज को ललचाई नजरों से नहीं देखते। वे कोई चोर-डाकू नहीं हैं, जो लूटमार करके दूसरों की चीजें अपनी बनाएँ और बेकार में किसी का खून बहाएँ।"

कुछ देर बाद पुनः किसी ने स्वामीजी से प्रश्न किया, "आपके पूर्वज अगर मानव समाज को धर्म-दान देने के लिए इतने उत्सुक थे, तो वे इस देश में धर्म-प्रचार करने क्यों नहीं आए?"

स्वामीजी ने मृदुभाव से मुसकराते हुए तुरंत उत्तर दिया, "उस समय तुम्हारे पूर्वज जंगली बर्बर थे, पत्तों के हरे रंग से अपने नंगे शरीर को रँगकर पर्वतों की गुफाओं में रहते थे। इस हालत में हमारे धर्मगुरु उन्हें कहाँ खोजते और कैसे शिक्षा देते?"

ऐसे ही एक बार ईसाई धर्मावलंबियों की आलोचना सुनकर एक व्यक्ति ने स्वामीजी से पूछा, "स्वामीजी आप तो ईसाई नहीं हैं। इसलिए ईसाई धर्म के आदर्श और तत्त्व आप कैसे समझ सकेंगे?"

स्वामीजी ने तत्परता से जवाब दिया, "तुम्हारे प्रभु ईसा पूर्व देश के ही सर्वस्व-त्यागी संन्यासी थे। मैं भी उन्हीं की तरह एक पूर्व का

संन्यासी हूँ। मैं उन्हें तुमसे ज्यादा समझ सकता हूँ, बल्कि मैं तो यह कहूँगा कि आप लोग अभी तक ईसा के उपदेशों को ठीक से समझ ही नहीं पाए हैं। क्या उन्होंने यह नहीं कहा था कि मेरा अनुसरण करने से पहले अपना सबकुछ बाँट दो। ईसा को मानने वाले तुम्हारे देश के कितने लोगों ने इस बात को मानकर अपना धन त्याग दिया। धनी व्यक्ति के स्वर्ग में प्रवेश करने की अपेक्षा ऊँट को सुई के छेद से निकलना ज्यादा आसान है।"

अपने प्रश्नों के सटीक जवाब सुनकर पूछने वाले व्यक्ति अपना सा मुँह लेकर रह जाते थे।

❑

# त्याग में आनंद

स्वामीजी अपने शिष्य के साथ किसी नगर में सत्संग कर रहे थे। लोग उनका सम्मान करते; उन्हें कितनी ही वस्तुएँ देते। कुछ दिन बाद स्वामीजी ने अपने शिष्य से कहा, "बेटा, चलो किसी दूसरे नगर में चलें।"

शिष्य ने कहा, "नहीं स्वामीजी, यहाँ पैसे बहुत आते हैं। कुछ पैसे जमा हो जाएँ, फिर चलेंगे।"

स्वामीजी ने कहा, "पैसे जमा करके क्या करेगा? चल मेरे साथ, पैसे जमा नहीं करने हमें।"

दोनों चल पड़े। शिष्य ने कुछ पैसे जमा कर रखे थे, उन्हें उसने अपनी धोती में बाँध रखा था। चलते-चलते मार्ग में एक नदी पड़ गई। एक नौका वहाँ थी। नौकावाला पार ले जाने के लिए दो आने माँगता था। स्वामीजी के पास पैसे नहीं थे, शिष्य देना नहीं चाहता था। दोनों बैठ गए। दोपहर हो गई, संध्या हो गई, रात हो गई; वे बैठे रहे। रात को नाविक अपने घर जाने लगा तो बोला, "स्वामीजी, तुम यहाँ कब तक बैठे रहोगे? यह जंगल है, रात को सिंह इस किनारे पर पानी पीने आता है। अन्य पशु भी आते हैं, वे तुम्हें मार डालेंगे।"

शिष्य ने कहा, "तुम हमें पार ले चलो।"

नाविक ने कहा, "मैं तो दो-दो आने लिये बिना नहीं ले जा सकता।"

शिष्य को सिंह के विचार से डर लगने लगा। धोती से चार आने निकालकर बोला, "अच्छा नहीं मानते तो लो।"

नाविक ने चार आने लिये, उन्हें पार ले गया। दूसरे पार जाकर शिष्य ने कहा, "देखा स्वामीजी, आप तो कहते थे कि पैसा इकट्ठा करने की आवश्यकता नहीं?"

स्वामीजी ने हँसते हुए कहा, "सोचकर देख बेटा, पैसा एकत्र करने से तुम्हें सुख नहीं मिला, पैसे को देने में मिला। सुख त्याग में है, एकत्र करने में नहीं।"

❑

# श्रीरामकृष्ण को गुरु बनाया

एक दिन नरेंद्र एकांत में बैठे हुए सोच रहे थे, 'इतने दिनों तक ब्रह्मसमाज में उपासना-प्रार्थना करते हुए भी मन अशांत क्यों है? क्या ब्रह्म-समाजियों में से किसी को ईश्वर के दर्शन हुए हैं?' नरेंद्र इस प्रश्न से इतने व्याकुल हुए कि घर से निकल गए। उन्हें पता चला कि देवेंद्रनाथ इस समय गंगाजी पर एक नौका में निवास कर रहे हैं। नरेंद्र तुरंत गंगाघाट जा पहुँचे और नाव में चढ़ गए। उनके जोर से धक्का देने पर द्वार खुल गया। महर्षि उस समय ध्यानमग्न थे। सहसा हुई आवाज से उनका ध्यान भंग हो गया। उन्होंने देखा, सामने उन्मत्त भाव लिये नरेंद्र खड़ा है।

इससे पहले देवेंद्र कुछ पूछते, नरेंद्र ने कहा, "महाशय, क्या आपने ईश्वर के दर्शन किए हैं?"

एकाएक पूछे गए प्रश्न का महर्षि तुरंत कोई उत्तर न दे पाए। कुछ पल बाद उन्होंने कहा, "ब्रह्मज्ञान की प्राप्ति के लिए तुम्हें नियमित रूप से ध्यान का अभ्यास करना होगा।"

इस उत्तर से नरेंद्र संतुष्ट नहीं हुए। घर आकर उन्होंने दर्शनशास्त्र तथा धर्म-संबंधी पुस्तकों को दूर फेंक दिया। उन्हें लगा, जब ये पुस्तकें ईश्वर-दर्शन में सहायक नहीं हैं, तो उनका अध्ययन व्यर्थ है। पूरी रात नरेंद्र सोचते-विचारते ही रहे।

सहसा उन्हें दक्षिणेश्वर के अद्‌भुत रामकृष्णजी का स्मरण हो आया। शेष रात्रि असहनीय उत्कंठा में बीती। भोर होते ही नरेंद्र दक्षिणेश्वर की ओर दौड़ पड़े।

वहाँ पहुँचकर उन्होंने देखा, रामकृष्णजी अपने भक्तों को अमृत-वाणी में उपदेश दे रहे हैं। उन्हें देखते ही जैसे नरेंद्र के मन में समुद्र-मंथन शुरू हो गया। उनके मन में आशंकाएँ मँडराने लगीं कि कहीं रामकृष्ण भी

उनके प्रश्न का संतुष्टिपूर्ण उत्तर न दे सके, तब क्या होगा?

मन में चलते द्वंद्व को दबाते हुए उन्होंने श्रीरामकृष्ण से पूछा, "महाशय, क्या आपने ईश्वर के दर्शन किए हैं?"

श्रीरामकृष्ण ने बिना एक पल का विलंब किए तत्काल उत्तर दिया, "बेटा, मैंने ईश्वर के दर्शन किए हैं। तुम्हें जिस प्रकार प्रत्यक्ष देख रहा हूँ, इससे भी कहीं अधिक स्पष्ट रूप से मैंने उन्हें देखा है। क्या तुम भी ईश्वर के दर्शनाभिलाषी हो? यदि हाँ तो तुम्हें मेरे कहे अनुसार कार्य करना होगा, तब निश्चय ही तुम ईश्वर के दर्शन कर सकोगे।"

नरेंद्र ने श्रीरामकृष्णजी की वाणी में झलकते विश्वास का स्पष्ट अनुभव किया। उन्होंने श्रीरामकृष्ण परमहंस को अपना गुरु मान लिया। ❑

# गुरु उपदेश का मर्म

एक दिन श्रीरामकृष्ण परमहंस अपने शिष्यों को उपदेश दे रहे थे, धर्म का सार-तत्त्व बताते हुए उन्होंने कहा, "इस मत में तीन विषयों का पालन आवश्यक बताया गया है। पहला–नाम में रुचि, दूसरा–जीवन के प्रति दया, तीसरा–वैष्णव पूजा। शिव ही यह संसार है, ऐसी धारण हृदय में रखकर सब जीवों पर दया करनी चाहिए।" कहते-कहते वे एकदम चौंककर बोले, "जीवों पर दया···जीव पर दया? कीटाणु-कीट होकर जीव पर दया कैसे होगी? दया करने वाला मनुष्य कौन है? नहीं-नहीं, जीवन पर दया नहीं, शिव-ज्ञान से जीव की सेवा।"

रामकृष्ण के इन शब्दों का गूढ़ अर्थ केवल नरेंद्र ही समझ पाए। कमरे से बाहर आकर नरेंद्र ने श्रीरामकृष्ण के शिष्य शिवानंद से कहा, "आज मैंने एक महान् सत्य को सुना है। हमें यह समझ लेना चाहिए कि ईश्वर ही जीव है और जगत् के रूप में प्रकट होकर हमारे सामने उपस्थित है, अतः शिवरूपी जीवों की सेवा ही सबसे बड़ी भक्ति है।"

नरेंद्र ने श्रीरामकृष्ण द्वारा बताए उपायों से साधना आरंभ कर दी थी। कभी-कभी वह पंचवटी के नीचे पूरी रात ध्यान में लीन रहते थे। उनका यह अनुराग देखकर श्रीरामकृष्ण ने एक दिन उन्हें अपने पास बुलाया और कहा, "देख, कठिन साधना द्वारा मुझे अष्ट सिद्धियाँ मिली थीं। उनका मैं कोई उपयोग नहीं कर सका। इन्हें तू ले ले, भविष्य में ये तेरे बहुत काम आएँगी।"

नरेंद्र ने पूछा, "महाराज, क्या उनसे ईश्वर-प्राप्ति में कोई सहायता मिलेगी?" इस पर रामकृष्ण ने कहा, "ऐसा तो नहीं होगा, लेकिन इस संसार की कोई भी वस्तु तुम प्राप्त कर सकते हो।"

नरेंद्र ने बिना किसी विलंब के निःसंकोच उत्तर दिया, "तब तो महाराज, वे मुझे नहीं चाहिए।"

❑

# नरेंद्र की निर्विकल्प समाधि

एक दिन नरेंद्र को पता चला कि उनके गुरुजी को गले का कैंसर हो गया है। उनका उपचार डॉ. महेंद्रपाल सरकार से चल रहा था, किंतु श्रीरामकृष्ण की बीमारी घटने के स्थान पर बढ़ती ही जा रही थी। श्रीरामकृष्णजी को पहले कलकत्ता के एक मकान में और फिर काशीपुर के उद्यान-भवन में रखा गया। नरेंद्र ने अगस्त माह में शिक्षा देने का कार्य छोड़कर, दूसरे शिष्यों के साथ काशीपुर में रहना शुरू कर दिया था। नरेंद्र पूरी श्रद्धा से अपने गुरु की सेवा करते ही थे, साथ ही वे उपनिषद्, अष्टवक्र संहिता, पंचदशी, विवेकचूड़ामणि आदि ग्रंथों का भी अध्ययन कर रहे थे।

साधना-पथ पर काफी आगे बढ़ जाने के बाद नरेंद्र के मन में निर्विकल्प समाधि की इच्छा जाग्रत् होने लगी। श्रीरामकृष्ण ने इसके लिए उन्हें मना कर दिया था, किंतु फिर भी वह साहस करके एक दिन श्रीरामकृष्णजी के पास चले गए।

रामकृष्ण ने स्नेहपूर्ण दृष्टि से उनकी ओर देखा और पूछा, "नरेंद्र, क्या चाहता है तू?"

नरेंद्र ने कहा, "शुकदेव की भाँति मैं भी निर्विकल्प समाधि के द्वारा सदैव सच्चिदानंद-सागर में डूबे रहना चाहता हूँ।"

रामकृष्ण नरेंद्र को सबसे ज्यादा चाहते थे, लेकिन उनकी बात सुनकर उन्हें क्रोध आ गया, बोले, "बार-बार एक ही बात को कहते हुए तुझे लज्जा नहीं आती। समय आने पर तू वटवृक्ष की तरह बढ़कर सैकड़ों लोगों को शांति की छाया देने वाला है और आज कहाँ अपनी मुक्ति के लिए उतावला हो उठा है। क्या तेरा आदर्श इतना नीच है?"

अपने गुरु की बात सुनकर नरेंद्र की आँखों से आँसू बहने लगे। वह आग्रहपूर्वक बोले, "ठाकुर, निर्विकल्प समाधि न होने तक मेरा मन

किसी भी तरह शांति नहीं पा सकेगा और यदि शांति न मिली, तो मैं कुछ न कर पाऊँगा।"

"तो तू क्या अपनी इच्छा से करेगा? जगदंबा तेरी गरदन पकड़कर करा लेंगी। तू नहीं करेगा, तेरी हड्डियाँ करेंगी।"

रामकृष्ण नरेंद्र की प्रार्थना को भी नहीं टाल सकते थे, अतः वे बोले, "अच्छा जा, निर्विकल्प समाधि होगी।"

एक शाम ध्यान करते-करते नरेंद्र अकस्मात् निर्विकल्प समाधि में डूब गए। शिष्यों ने देखा तो समझा, नरेंद्र का प्राणांत हो गया है। वे दौड़े-दौड़े रामकृष्ण के पास पहुँचे और नरेंद्र की मृत्यु का समाचार सुनाया, किंतु उनकी बात सुनकर रामकृष्णजी तनिक भी विचलित नहीं हुए।

कुछ समय पश्चात् नरेंद्र की चेतना लौट आई। उनका चेहरा आनंद से दमक रहा था। उन्होंने रामकृष्ण के पास आकर उन्हें प्रणाम किया। तब श्रीरामकृष्ण ने कहा, "बस ताला बंद, कुंजी माँ के पास रहेगी। काम समाप्त होने पर फिर खोल दिया जाएगा।"

नरेंद्र रात-दिन भजन में लगे रहते थे और रामकृष्ण काली से प्रार्थना करते, "माँ, उसकी अद्वैत की अनुभूति को तू अपनी माया-शक्ति से ढके रख। मुझे तो अभी उससे अनेक काम कराने हैं।"

काशीपुर में रह रहे सभी शिष्य रामकृष्णजी की बहुत सेवा करते थे। काशीपुर के जिस उद्यान भवन में रामकृष्णजी रहते थे, उसी भवन में रामकृष्ण संघ की नींव रखी गई। अपने बारह तरुण शिष्यों को गेरुए वस्त्र पहनाकर रामकृष्ण ने उन्हें संन्यास की दीक्षा दी और उन शिष्यों के अगुवा नरेंद्र से कहा, "क्या तुम लोग पूरी तरह से निरभिमान बनकर भिक्षा की झोली कंधे पर लटकाकर राजपथों पर भिक्षा माँग सकते हो?"

"अवश्य गुरुदेव!" नरेंद्र इतना कहकर अपने गुरु-भाइयों के साथ भिक्षा माँगने चल दिए। जिस कलकत्ता में नरेंद्र का जन्म हुआ था, जहाँ उन्होंने शिक्षा पाई थी, उसी शहर की गलियों में उन्होंने भिक्षा माँगी।

भिक्षा में मिला अन्न पाकर उन्होंने रामकृष्णजी के सम्मुख रख दिया। तत्पश्चात् प्रसाद के रूप में खुद भी भोजन ग्रहण किया। यह देखकर रामकृष्ण परमहंस आनंदित हो उठे।

रामकृष्णजी का स्वास्थ्य दिन-प्रतिदिन बिगड़ता जा रहा था। 15 अगस्त, रविवार सन् 1886 में रामकृष्ण परमहंस ने देह त्याग दी और उनकी आत्मा परमात्मा में विलीन हो गई।

❑

# शरतचंद्र और नरेंद्र

नरेंद्रनाथ अब सचमुच ही यह अनुभव करते थे कि श्रीरामकृष्ण के संपर्क में आकर उनकी तथा अन्य लोगों की जीवनधारा धीरे-धीरे बदल रही है और वे लोग सत्योपलब्धि के निकट पहुँच रहे हैं। सन् 1884 के शीतकाल के दोपहर से कुछ पहले श्री शरत और शशी (स्वामी सारदानंद और स्वामी रामकृष्णानंद) के नरेंद्रनाथ के घर पर आने पर उन्होंने उन लोगों के समक्ष ये सब बातें कही थीं और अपनी अनुभूति की बात भी बताई थी। बहुत देर तक इस तरह रामकृष्ण की महिमा का गुणगान करने के बाद शाम को वे उन लोगों को लेकर हेदुआ तालाब के किनारे घूमने गए और खिन्न मन से गाने लगे—

प्रेम धन बिलाया गोरा राय!<br>चाँद निताई डाके आय आय

(गौरांगराय प्रेमधन बाँट रहे हैं। निताई चाँद सब को आओ-आओ कहकर बुला रहे हैं, तुम लोगों में से जिन्हें लेने की इच्छा हो, चले आओ। घड़ों से प्रेम उड़ेलते जा रहे हैं, तो भी समाप्त नहीं होगा। गौरांग के प्रेम की लहरों से नदियाँ प्लावित होती जा रही हैं।)

गीत समाप्त होने पर नरेंद्रनाथ कहने लगे, "सचमुच ही बाँट रहे हैं। प्रेम कहो, भक्ति कहो, ज्ञान कहो, मुक्ति कहो, जिसे जो देना चाहते हैं, दे रहे हैं, कैसी अदभुत शक्ति है!" कुछ क्षण शांत रहने के बाद फिर बोले, "रात को कमरे के किवाड़ लगाकर मैं बिछौने पर पड़ा था, एकाएक आकर्षित कर दक्षिणेश्वर में हाजिर करा दिया—शरीर के भीतर जो है, उसी को, उसके बाद अनेक बातें और उपदेश सुनाकर फिर लौटा दिया! सब कर सकते हैं, दक्षिणेश्वर के गौरांगराय सबकुछ कर सकते हैं।"

इस प्रकार बातचीत के क्रम में रात के 9 बज गए। तब नरेंद्रनाथ

ने कहा, "चलो, तुम्हें थोड़ी दूर तक पहुँचा आऊँ।" अपने घर के निकट पहुँचकर शरतचंद्र के मन में आया कि इतनी रात में नरेंद्रनाथ को बिना कुछ खिलाए-पिलाए जाने देना ठीक नहीं होगा। अत: सबने घर में प्रवेश किया। भीतर आते ही नरेंद्र एकाएक बोल उठे, "इस मकान को तो मैंने पहले देखा है। इसमें कहाँ से किधर जाना पड़ता है, कहाँ कौन सा कमरा है, सभी कुछ मेरा पूर्व-परिचित मालूम होता है। जलपान के उपरांत शरत और शशी टहलते-टहलते नरेंद्रनाथ को उनके घर तक पहुँचा आए।

❑

# लोकचरित्र

श्री केदारनाथ चट्टोपाध्याय का कर्मक्षेत्र पूर्वी बंगाल था। वहाँ से वे बीच-बीच में आकर श्रीरामकृष्णदेव का दर्शन-लाभ कर धन्य हुआ करते थे। श्रीरामकृष्णदेव उनकी भाव-भक्ति की प्रशंसा किया करते थे। अपने ढंग से युक्ति-तर्क प्रस्तुत कर अथवा व्यंग्योक्तियों के द्वारा केदारनाथ प्रतिवादी को परास्त कर देते थे। एक दिन उनके आने पर उनके साथ तर्क-वितर्क करने के लिए नरेंद्रनाथ को लगा दिया। किंतु नरेंद्रनाथ की तीक्ष्ण बुद्धि के सामने केदार को उस दिन हार स्वीकार करने के लिए बाध्य होना पड़ा। तदुपरांत केदार के चले जाने पर रामकृष्णदेव ने नरेंद्रनाथ से पूछा, "क्या रे, कैसा देखा? कैसी भक्ति देखी? भगवान् के नाम से एकदम रो पड़ता है। हरि का नाम लेते ही जिसकी आँखों से अश्रुधारा बह चलती है, वह तो जीवन-मुक्त है। केदार अच्छा आदमी है न?" इधर तेजस्वी नरेंद्रनाथ ऐसे व्यक्तियों को, जो पुरुष-शरीर धारण करके भी नारी-सुलभ भाव का अवलंबन करते हैं, घृणा करते थे। अतः रामकृष्णदेव की बातों का पूरी तरह अनुमोदन न कर सकने के कारण उन्होंने कहा, "महाराज, मैं कैसे जानूँ? आप लोक-चरित्र समझते हैं, आप ही बता सकते हैं, नहीं तो रुलाई देखकर अच्छा-बुरा नहीं समझा जा सकता। एकटक देखते रहने से भी आँसू गिरने लगते हैं। फिर श्री राधिका के विरहसूचक कीर्तन आदि सुनकर रोने वाले प्रायः अपनी पत्नी के विरह को याद कर अपने ऊपर वैसी अवस्था का आरोप कर रोने लगते हैं, इसमें कोई संदेह नहीं। ऐसी अवस्था से मेरे जैसा व्यक्ति पूर्णतया अपरिचित है। अतः वृंदावन छोड़कर मथुरा चले जाने पर श्रीरामकृष्ण के विरह से राधिका आदि गोपियों का रुदन-संबंधी कीर्तन सुनने पर भी दूसरों की तरह मुझे रुलाई नहीं आएगी।"

❑

## श्रीराम का आदेश

गाजीपुर छोड़कर जाने के समय एक आश्चर्यपूर्ण घटना घटी। जब वे ट्रेन से गाजीपुर के उस पार ताड़िघाट स्टेशन पर उतरे, उस समय दोपहर थी। स्वामीजी के सामानों में एक तीसरे दरजे का टिकट, एक कंबल और पहनने के लिए एक गेरुआ वस्त्र था। साथ में और कुछ, यहाँ तक कि एक जलपात्र भी नहीं था। चौकीदार ने उन्हें स्टेशन के प्लेटफॉर्म पर छाँव में नहीं बैठने दिया और बाहर कर दिया। विवश होकर वे जमीन पर कंबल बिछाकर विश्रामागार के बाहर एक खंभे से लगकर बैठ गए। आस-पास में कई लोग थे। उनमें एक व्यापारी स्वामीजी के बिलकुल सामने छावनी के नीचे दरी पर आराम से बैठा था और स्वामीजी को इस दशा में देखकर अनेक प्रकार के व्यंग्य कर रहा था।

वह व्यक्ति और उसके कई साथी स्वामीजी के साथ रेलगाड़ी के एक ही डिब्बे में बैठकर आए थे और रास्ते में भी वह ऐसा करने से बाज नहीं आ रहे थे। स्वामीजी के पास पैसा नहीं रहने से उनके लिए किसी स्टेशन पर पीने के लिए पानी लेना संभव नहीं हुआ। उधर वह व्यापारी पानी वाले को पैसे देकर अनायास ही इन सब स्टेशनों पर पानी लेता था और मजाक के रूप में स्वामीजी को दिखा-दिखाकर पीता था और साथ-साथ उन्हें सुनाता था, "अरे देखते हो, कैसा ठंडा जल है! तुम ने तो संन्यासी होकर सर्वस्व त्याग कर दिया है, साथ ही पास में एक पैसा भी नहीं है, जो पानी खरीदकर पिओगे। तो फिर देखो मजा! इससे यदि मेरी तरह व्यापार करने की चेष्टा करते तो ऐसी दुर्दशा नहीं होती।"

इस तरह रास्ते भर वह स्वामीजी को कठोर वचनों के बाण से पीड़ित करता रहा, परंतु उसने उन्हें एक बूँद भी जल नहीं दिया।

प्लेटफॉर्म पर भी उसका व्यंग्य नहीं रुका। प्लेटफॉर्म पर छाया में आराम से बैठकर वह पुनः उपदेश झाड़ने लगा, "अरे देखो, पैसे की क्या

शक्ति है! तुम तो पैसा-कौड़ी रखते नहीं। उसका फल भी देखो। और मैं रुपए-पैसे कमाता हूँ, उसका सुफल भी देखो।" यह कहकर वह अपने साथ लाए खाद्य-पदार्थों को खोलकर खाने लगा तथा स्वामीजी को वे सब वस्तुएँ दिखाकर कहने लगा, "ये सारी पूड़ियाँ, कचौड़ियाँ, पेड़े, मिठाइयाँ क्या बिना पैसे के मिल सकती हैं?"

स्वामीजी सबकुछ देख और सुन रहे थे तथा बिना कुछ कहे सारे अपमानों को सहन करते जा रहे थे। उसी समय अचानक एक दूसरा व्यक्ति वहाँ आ पहुँचा। उसके दाएँ हाथ में एक गठरी थी और एक लोटा तथा बाएँ हाथ में एक घड़ा जल एवं एक दरी थी। स्टेशन के इस तरफ-उस तरफ कई बार घूम-फिरकर उसने स्वामीजी के निकट आकर कहा, "बाबाजी, आप धूप में क्यों बैठे हैं? छाँव में चलें। मैं आपके लिए कुछ खाद्य पदार्थ लेकर आया हूँ, दयापूर्वक ग्रहण कीजिए।" यह कैसी दैव-लीला है? स्वामीजी तो अचानक विश्वास ही नहीं कर सके। व्यंग्य करनेवाला व्यापारी भी तब आश्चर्य से अवाक् रह गया।

नवागत व्यक्ति द्वारा स्वामीजी को बार-बार भोजन के लिए अनुरोध करने पर स्वामीजी ने कहा, "भाई, मुझे ऐसा लगता है कि तुम भूल कर रहे हो। शायद किसी दूसरे को देने के लिए भूल से मेरे पास चले आए हो।"

यह कहकर वे पूर्ववत् बैठे रहे।

इसके बाद भी उस व्यक्ति ने कहा, "मैं हलवाई हूँ। मेरी मिठाई आदि की दुकान है। दोपहर को भोजन के बाद सोया था, उसी समय सपने में देखा कि श्रीरामजी आकर मुझसे कह रहे हैं, 'मेरा एक साधु स्टेशन पर भूखा पड़ा दुःख भोग रहा है। कल से उसने खाया-पिया नहीं है। तू तुरंत जाकर उसकी सेवा कर।' मेरी नींद खुल जाने पर भी दूसरे क्षण ही इसे मन का भ्रम समझकर मैं करवट बदलकर सो गया। परंतु श्रीरामजी कृपा कर पुनः आए और मुझे सचमुच में धक्का मारकर उठा दिया और उन्होंने जैसा कहा था, वैसा ही करने का आदेश दिया। तब मैं बिस्तर त्यागकर उठा और तुरंत कुछ पूड़ियाँ और सब्जी बनाई। वह सब और सुबह की बनाई हुई कुछ मिठाइयाँ, जल और तंबाकू लेकर जल्दी स्टेशन पर आ गया।"

स्वामीजी ने फिर भी जानना चाहा, "मैं ही वह साधू हूँ, यह तुमने कैसे जाना?" हलवाई ने कहा, "पहले मुझे भी यह संदेह हुआ था, इसी से यहाँ आते ही एक बार चारों ओर घूमकर देख लिया, किंतु किसी दूसरे साधू को नहीं देखकर समझ गया कि आपके अतिरिक्त वह साधु

और कोई नहीं हो सकता।" इसके बाद उसने स्वामीजी को छाया में बैठाकर भोजन कराया, भोजनोपरांत हाथ धुलवाए तथा चिलम भरकर दी। स्वामीजी द्वारा धन्यवाद दिए जाने पर भी उसने कहा, "नहीं, नहीं, स्वामीजी, मुझे धन्यवाद मत दीजिए, स्वयं रामजी की लीला है।"

व्यापारी अब तक अवाक् होकर सारी घटनाएँ देख रहा था और कान लगाकर सब सुन रहा था। अंत में उसे और संदेह नहीं रहा कि स्वामीजी एक सच्चे महात्मा हैं। उसे भय भी हुआ कि इनका अपमान करने के कारण मेरा भयंकर अनिष्ट होना निश्चित है, तब उसने अनुतप्त हृदय से प्रणाम करने के बाद अपने किए अपराध के लिए स्वामीजी से क्षमा माँगी।

❑

# स्वामीजी का संबोधन

11 सितंबर, 1893 को शिकागो में सर्वधर्म सम्मेलन आरंभ हुआ। युवा संन्यासी स्वामी विवेकानंद को बड़ी कठिनता से भाग लेने का अवसर मिला, वह भी केवल शून्यकाल में ही।

उन्हें विधिवत् वक्ताओं की सूची में भी शामिल नहीं किया गया था। स्वामीजी फिर भी निरुत्साहित नहीं हुए थे। शून्यकाल आने पर जब उनका नाम पुकारा गया तो मंच पर पहुँचे। उन्होंने माइक सँभालकर बोलना आरंभ किया, "माई ब्रॉदर्स एंड सिस्टर्स ऑफ अमेरिका।"

समस्त श्रोताओं ने इस छोटे से वाक्यांश को सुनकर एक जोरदार ढंग से ताली बजाई। स्वामीजी का मार्मिक और आत्मीयता से परिपूर्ण संबोधन उनके दिलों को छू गया था।

स्वामीजी ने अपने भाषण में कहा, "मनुष्य-मनुष्य के बीच भेदभाव पैदा करना धर्म का कार्य नहीं है। जो धर्म मनुष्यों में टकराव पैदा करता है, वह कुछ सिरफिरे लोगों का विचार हो सकता है, उसे धर्म की संज्ञा देना मनुष्य के धार्मिक विवेक का अपमान करना है। धर्म द्वंद्व से परे है। धर्म का आधार प्रेम, भाईचारा, सहानुभूति, दया, ममता, आत्मीयता तथा सह-अस्तित्व की भावना है।"

भारतवर्ष के मूल धर्म का परिचय देते हुए स्वामीजी बोले, "मैं जिस धर्म का प्रतिनिधि हूँ, वह सनातन हिंदू धर्म है। इस धर्म की विशेषता है कि यह संपूर्ण मनुष्य जाति के लौकिक एवं आध्यात्मिक विकास का संकल्प लेकर चलता है। इसकी विचारधारा की मूल पृष्ठभूमि मनुष्य मात्र का कल्याण है। समस्त बुराइयों का परित्याग कर समस्त अच्छाइयों की ओर विवेकपूर्ण ढंग से बढ़ने का यह धर्म निर्देश देता है। विश्व के सभी धर्मों की तुलना में सनातन हिंदू धर्म सर्वाधिक प्राचीन एवं उदार है।

इस धर्म में किसी प्रकार की संकीर्णता अथवा नकारात्मकता के लिए कोई स्थान नहीं है।"

❑

## सहनशीलता

स्वामी विवेकानंद गंगा के तट पर ठहरे थे। उनसे थोड़ी ही दूर एक ओर झोंपड़ी में एक दूसरा साधु भी ठहरा हुआ था। प्रतिदिन वह स्वामी विवेकानंद के पास आकर उन्हें गालियाँ देता था। स्वामी विवेकानंद सुनते और मुसकरा देते, कोई उत्तर नहीं देते थे। कई बार उनके शिष्यों ने कहा, "महाराज, आपकी आज्ञा हो तो हम इस दुष्ट को सीधा कर दें।" स्वामीजी सदा कहते, "नहीं, वह स्वयं ही सीधा हो जाएगा।"

एक दिन किसी सज्जन ने फलों का एक बहुत बड़ा टोकरा स्वामीजी के पास भेजा। स्वामीजी ने टोकरे से बहुत अच्छे-अच्छे फल निकाले, उन्हें एक कपड़े में बाँधा और एक व्यक्ति से बोले, "ये फल उस साधु को दे आओ, जो उस परली कुटी में रहता है और प्रतिदिन यहाँ आकर कृपा करता है।"

उस व्यक्ति ने कहा, "परंतु वह तो आपको गालियाँ देता है?"

स्वामीजी बोले, "हाँ, उसी को दे आओ।"

वह सज्जन फल लेकर उस साधु के पास गए। जाकर बोले, "साधु बाबा, ये फल स्वामीजी ने आपके लिए दिए हैं।"

साधु ने स्वामीजी का नाम सुनते ही कहा, "अरे, यह प्रात:काल किसका नाम ले लिया तूने? पता नहीं, आज भोजन भी मिलेगा या नहीं। चला जा यहाँ से। मेरे लिए नहीं, किसी दूसरे के लिए भेजे होंगे। मैं तो प्रतिदिन उसे गालियाँ देता हूँ।"

उस व्यक्ति ने स्वामीजी के पास आकर यही बात कही।

स्वामीजी बोले, "नहीं, तुम फिर उसके पास जाओ। उसे कहो कि आप प्रतिदिन जो अमृत-वर्षा करते हो, उसमें आपकी पर्याप्त शक्ति खर्च होती है। ये फल इसलिए भेजे हैं कि इन्हें खाइए, इनका रस पीजिए,

जिससे आपकी शक्ति बनी रहे और आपकी अमृत-वर्षा में कमी न आ सके।"

उस व्यक्ति ने साधु के पास जाकर वही बात कह दी, "संतजी महाराज, ये फल स्वामीजी ने आप ही के लिए भेजे हैं और कहा है कि आप प्रतिदिन जो अमृत-वर्षा उन पर करते हैं, उसमें आपकी पर्याप्त शक्ति व्यय होती है। इन फलों का प्रयोग कीजिए, जिससे आपकी शक्ति बनी रहे और आपकी अमृत-वर्षा में कमी न आए।"

साधु ने यह सुना तो उसके ऊपर घड़ों पानी पड़ गया। निकला अपनी कुटिया से, दौड़ता हुआ पहुँचा स्वामीजी के पास। उनके चरणों में गिर पड़ा, बोला, "महाराज, मुझे क्षमा करो। मैंने आपको मनुष्य समझा था, आप तो देवता हैं।"

ऐसा था स्वामी विवेकानंद में सहनशीलता का जादू। जिसमें यह सहनशीलता उत्पन्न हो जाती है, उसके जीवन में एक अनोखी मिठास, एक अद्‌भुत संतोष और एक विचित्र प्रकाश आ जाता है।

❑

# कड़वे बोल न बोल

नरेंद्र के पिता कभी-कभी सत्संग में जाते थे। नरेंद्र भी उनके साथ चला जाया करता था। वहाँ एक आदमी ने एक बार गाना गाया, "कड़वे बोल न बोल रे भाई!"

नरेंद्र को यह गाना अच्छा लगा। उसने याद कर लिया। जब कभी उसको समय मिलता, तब वह इस गीत को गाता, "कड़वे बोल न बोल।"

एक दिन वकील साहब और उनकी धर्मपत्नी में हो गई अनबन। रूठ गए दोनों। कई दिन बीत गए, एक-दूसरे से बोले नहीं। परंतु पति-पत्नी कब तक रूठे रहें। पति के मन में बार-बार आए कि वह मान जाए, पत्नी के मन में भी आए, परंतु दोनों की यह इच्छा कि पहल दूसरा करे। पति दफ्तर से आते, अपने कमरे में जाकर बैठे रहते। पत्नी खाना बनाकर नौकर के हाथ भेज देती। पहल होने में न आती। एक दिन वकील साहब दफ्तर से आए, अपने कमरे में चले गए। नरेंद्र ने इनके कमरे में आकर गाना गाना शुरू किया, "कड़वे बोल न बोल।"

वकील साहब के हृदय में एक आशा की किरण जाग उठी। नरेंद्र से बोले, "बेटा, यह गीत अपनी माँ के कमरे में जाकर गाओ।"

नरेंद्र माँ के कमरे में गया। वहाँ जाकर गाने लगा, "कड़वे बोल न बोल।"

माँ ने कहा, "यहाँ क्या गाता है? जा अपने पिताजी के कमरे में जाकर गा।"

नरेंद्र फिर पिताजी के कमरे में पहुँचा; बोला, "कड़वे बोल न बोल।"

पिताजी ने कहा, "अरे, तुझे माँ के कमरे में जाकर गाने को कहा था। वहीं जाकर गा।"

नरेंद्र फिर माँ के कमरे में पहुँचा।

माँ ने कहा, "अरे, तुझे पिताजी के कमरे में जाने के लिए कहा था, जा, वहाँ जाकर गा।"

नरेंद्र ने दोनों कमरे के बीच में जाकर कहा, "तुम दोनों तो मुझे गाने नहीं देते। मैं अब यहाँ खड़ा होकर गाऊँगा।" वह गाने लगा, "कड़वे बोल न बोल।"

पिता और माता दोनों ने नरेंद्र की भोली बोली को सुना। दोनों हँस पड़े। हँसी के इस फव्वारे में क्रोध की दीवार टूट गई। दोनों नरेंद्र के पास आ गए, एक-दूसरे की आँखों में देखकर हँसते हुए बोले, "कड़वे बोल न बोल।"

घर में हँसी-मुसकराहट खिल चमक उठी, क्रोध के बादल टुकड़े-टुकड़े हो गए। रोशनी चहुँ ओर फैल गई।

❑

# सत्संग का प्रभाव

एक समय स्वामी विवेकानंद ब्रह्मसमाज का प्रचार कर रहे थे। एक गाँव में पहुँचे तो उस प्रदेश का डाकू भी उनके व्याखान सुनने के लिए आ गया। इसके कई साथी भी दूसरे लोगों के साथ बैठ गए। गाँव के लोगों ने जब डाकू को देखा और पहचाना तो उनके पैरों के नीचे से जमीन खिसक गई। एक-एक करके वे उठने लगे। स्वामीजी व्याख्यान दे रहे थे। धीरे-धीरे सभी लोग चले गए। केवल डाकू और उनके साथी ही रह गए। स्वामीजी भाषण देते रहे। वे कर्म के संबंध में बोल रहे थे और बता रहे थे–

"जो भी शुभ या अशुभ कर्म तुमने किए हैं, उनका फल अवश्य भोगना पड़ेगा। कर्म के फल से बचने का कोई मार्ग नहीं। दूसरे लोग न देखें, पुलिस न देखे, सरकार न देखे, परंतु याद रखो, एक आँख ऐसी है, जो तुम्हें हर समय देख रही है। तुम्हारे हृदय के भीतर जो कुछ होता है, उसे भी वह जानती है। उससे बचने का कोई मार्ग नहीं। प्रत्येक व्यक्ति को उसके कर्म का फल वह अवश्य देती है।"

व्याख्यान समाप्त हुआ तो डाकू ने विवेकानंद के पास जाकर कहा, "आप कौन हैं?"

स्वामीजी ने कहा, "मैं विवेकानंद हूँ।"

डाकू ने कहा, "मैं एकांत में आपसे कुछ बातें पूछना चाहता हूँ। क्या आपसे मिल सकता हूँ?"

स्वामीजी ने कहा, "अवश्य मिल सकते हो। मैं धर्मशाला में ठहरा हुआ हूँ, वहीं आ जाना।"

रात्रि के समय डाकू और उसके साथी धर्मशाला में जा पहुँचे।

गाँववालों ने समझा कि बड़ी आपत्ति आ गई है; वे लोग बेचारे स्वामीजी को लूटने आए हैं।

परंतु डाकू ने हाथ जोड़कर स्वामीजी से कहा, "आप जो कह रहे थे कि प्रत्येक कर्म का फल भोगना पड़ता है तो क्या यह सच है?"

स्वामीजी बोले, "बिलकुल सच है।"

डाकू ने पुनः पूछा, "क्या इससे बचने का कोई उपाय नहीं है?"

"कोई नहीं।"

"तो फिर मेरा क्या होगा? मैं तो न जाने कितने वर्षों से डाके डाल रहा हूँ।" डाकू बोला।

स्वामीजी ने कहा, "आज से ही छोड़ दो, धर्म के मार्ग पर चलना प्रारंभ कर दो। यही तुम्हारा प्रायश्चित्त होगा।"

स्वामीजी के विचारों को सुनकर डाकू ने तुरंत संकल्प लिया कि वह आज से डाके नहीं डालेगा।

❑

# स्वामीजी का आशीर्वाद

बाल-ब्रह्मचारी स्वामी विवेकानंद पाखंड के दुर्गों को गिराते जा रहे थे। प्रतिदिन शास्त्रार्थ होते थे। प्रतिदिन उनके विरोधी हारते थे, दाँत पीसते थे कि यह कहीं आज हमारी ही पोल न खोल दे, हमारी आजीविका न छीन ले। शास्त्रार्थ में हमसे हारता नहीं, इसे हराने के लिए कोई और उपाय करना चाहिए। उपाय सोचा गया। वे लोग एकत्र होकर एक वेश्या के पास गए, उससे बोले, "हम तुझे बहुत से आभूषण देंगे। अमुक उद्यान में विवेकानंद रहता है। तू उसके पास जा, उसके पास जाकर कोलाहल मचा देना कि इसने मुझे छेड़ा है। हम निकट ही छिपे रहेंगे। बाहर निकल डंडों से उसे अधमरा कर देंगे, उसे नगर से बाहर निकाल देंगे। इसके पश्चात् तुम्हें और रुपया देंगे।"

वेश्या ने उनकी बात मान ली। अपने आपको खूब सजाकर, कितने ही आभूषण धारण करके वहाँ गई, जहाँ ब्रह्मचर्य और आत्मा के तेज से चमकते हुए स्वामीजी बैठे थे। एक वृक्ष के नीचे आँखें मूँदकर, ध्यान में मग्न। वेश्या ने उनको दूर से देखा तो ऐसा प्रतीत हुआ, जैसे आधे पाप धुल गए हैं। निकट गई तो शेष पाप भी आधे हो गए, और बिलकुल निकट जाने पर अंतःकरण भी पवित्र हो गया। उसके मुख से एक चीख निकल गई। तभी स्वामीजी ने आँखें खोलीं और बोले, "माँ, तुम कौन हो?"

माँ का शब्द सुनते ही उसका हृदय भर आया, आँखें डबडबा आईं। अश्रु भरी आँखों से उसकी ओर देखकर अपने आभूषण उतारने लगी और रोते हुए उसने सारी कहानी स्वामीजी को सुना दी। स्वामीजी ने गंभीरता से कहा, "माँ, ईश्वर ने तुम्हें जो श्रेष्ठ बुद्धि इस समय दी है, वह सदा बनी रहे, यही मेरा आशीर्वाद है।"

❑

# ईर्ष्या की अग्नि

एक नगर में राजा बाबू नाम के एक सेठ रहते थे। धर्म की ओर उनकी बहुत रुचि थी। उन्होंने कितने ही मंदिर बनवाए थे। एक पाठशाला बनवाई, जिसमें विद्वान्, संन्यासी पढ़ते थे।

राजा बाबू का एक अन्य सेठ लक्ष्मीचंद से झगड़ा था, जो जमीन के संबंध में था। झगड़ा बढ़ते-बढ़ते न्यायालय में पहुँचा। अभियोग चलने लगा। कई वर्ष अभियोग चलता रहा। राजा बाबू अभियोगी से भी लड़ते थे और अपने घर का काम भी करते थे। उनकी बनवाई हुई पाठशाला में प्रत्येक रात्रि को सत्संग होता था, राजा बाबू सर्वदा उसे सुनने जाते। सत्संग सुनते-सुनते उनको संसार से वैराग्य उत्पन्न हो गया। स्वामीजी से पूछकर वे पाठशाला में रहने लगे। एक कमरे में पड़े रहते। खाना घर से आ जाता तो खा लेते और ध्यान करते रहते। बहुत समय बीत गया, एक दिन उन्होंने स्वामीजी से कहा, "यदि आपकी कृपा हो तो संन्यास ले लूँ?"

स्वामी ने कहा, "नहीं राजा बाबू, अभी तुम संन्यास के योग्य नहीं हुए।"

राजा बाबू ने सोचा, 'मैं घर पर नहीं जाता, परंतु मेरी रोटी तो घर से आती है। अब घर से रोटी नहीं मँगाऊँगा। यहीं एक नौकर रख लूँगा, वही बना दिया करेगा।' ऐसा ही किया उन्होंने। और फिर एक दिन यह सोचकर कि अब तो घर से कोई संबंध नहीं, वे फिर बोले, "स्वामीजी, अब यदि संन्यास ले लूँ तो?"

स्वामीजी ने कहा, "नहीं, अभी समय नहीं आया।"

राजा बाबू ने सोचा, "अभी मैं नौकर से रोटी बनवाता हूँ, शायद इसीलिए स्वामीजी नहीं मानते। यह भी छोड़ दूँगा। भिक्षा माँगकर खाऊँगा और आराम की सब वस्तुएँ भी छोड़ दूँगा।" तब उसने ऐसा ही किया।

सुबह के समय नगर में जाता, भिक्षा माँगकर लाता और सारा दिन आत्म-चिंतन में मस्त होकर बैठा रहता।

पर्याप्त समय बीत गया। फिर स्वामीजी से प्रार्थना की, "मुझे संन्यास दे दीजिए।"

स्वामीजी ने सोचकर कहा, "अभी नहीं, राजा बाबू।"

राजा बाबू आश्चर्यचकित कि अब क्या त्रुटि रह गई। सोचकर देखा और फिर अपने आपको कहा, 'मैं सभी जगह माँगने गया हूँ, परंतु सेठ लक्ष्मीचंद्र के यहाँ नहीं गया। इसलिए शत्रुता की पुरानी भावना अब भी मेरे हृदय में बसी हुई है। इस भावना को छोड़ देना होगा।'

दूसरे दिन प्रातःकाल ही वह सेठ लक्ष्मीचंद्र के मकान पर पहुँच गया। जाकर अलख लगाई, "भगवान् के नाम पर भिक्षा दे दो।"

सेठ लक्ष्मीचंद्र के नौकरों ने राजा बाबू को देखा तो दौड़े-दौड़े सेठ के पास गए। हाँफते हुए बोले, "सेठजी, राजा बाबू आपके यहाँ भीख माँगने आया है।"

लक्ष्मीचंद्र आश्चर्य से बोले, "यह कैसे हो सकता है? तुम्हें भ्रम हुआ है। कोई और होगा वह?"

नौकरों ने कहा, "नहीं सेठजी, वह राजा बाबू ही है। यदि आप कहें तो खाने में विष मिलाकर दे दें। सर्वदा के लिए झगड़ा समाप्त हो जाएगा।"

लक्ष्मीचंद्र उच्च स्वर में बोले, "नहीं, मुझे देखने दो।" मकान के द्वार पर आकर उन्होंने देखा कि राजा बाबू झोली पसारे खड़े हैं।

राजा बाबू ने उन्हें देखा और झोली फैलाकर बोले, "सेठजी, भिक्षा।"

लक्ष्मीचंद्र दौड़कर आगे बढ़े; चिल्लाकर बोले, "राजा!" राजा बाबू को अपनी छाती से लगा लिया उन्होंने। राजा बाबू ने झुककर उनके चरणों का स्पर्श किया। लक्ष्मीचंद्र भी उनके पैरों में जा गिरे; बोले, "राजा बाबू, ऊपर चलो, मेरे साथ बैठकर खाना खाओ।"

राजा बाबू बोले, "नहीं सेठजी, मैं तो भिखारी बनकर आया हूँ। भीख माँगने आया हूँ। भीख डाल दो मेरी झोली में।"

उसी समय एक नौकर भागता हुआ आया; बोला, "सेठजी, आपका तार! देखिए, इस तार में क्या लिखा है?"

लक्ष्मीचंद्र ने खोलकर पढ़ा। तार राजा बाबू के बेटों का था। जिसमें लिखा था, "हमारे पिता राजा बाबू का कहीं पता नहीं लगा। भूमि का झगड़ा अभी समाप्त नहीं हुआ, किंतु इस जमीन को लेकर हम क्या

करेंगे? इस तार द्वारा हम भूमि से अपना अधिकार वापस लेते हैं। हमारे पिताजी नहीं हैं। कृपया आप हमें पिता का संरक्षण दीजिए, हमें अपनी रक्षा में लीजिए।"

लक्ष्मीचंद्र रोते हुए बोले, "नहीं, ऐसा नहीं होगा। उन्हें लिखो कि भूमि उनकी है, मुझे नहीं चाहिए। मैं पिता बनकर उनकी रक्षा करूँगा। आज से वे केवल राजा बाबू के ही नहीं, मेरे भी बेटे हुए।"

इसके पश्चात् राजा बाबू भिक्षा लेकर मुड़े तो देखा, सामने स्वामीजी खड़े हैं हाथ में गेरुवे वस्त्र लिये। राजा बाबू को हृदय से लगाकर बोले, "अब तू संन्यासी बनने के योग्य हुआ, राजा बाबू। अब ये कपड़े धारण कर।"

❑

# पाप का अन्न

स्वामीजी एक बार किसी आश्रम में ठहरे हुए थे। एक वानप्रस्थी उनके पास ही एक कमरे में रहता था। एक दिन वानप्रस्थी सीधा स्वामीजी के पास आया और जोर-जोर से रोने लगा। स्वामीजी ने पूछा, "क्या हुआ आपको?"

वह बोला, "मैं लुट गया, महात्मा जी! मेरी उम्र भर की कमाई नष्ट हो गई।"

स्वामीजी के पूछने पर पता चला कि वह वानप्रस्थी पिछले कई वर्षों से ईश्वर-भक्ति के मार्ग पर चलता हुआ ध्यान और उपासना की सीढ़ी पर पहुँच चुका था। रात्रि के समय अपने कमरे में बैठ जाता वह। भगवान् का ध्यान करता, ईश्वर की शीतल ज्योति उसे दिखाई देती, उसमें आनंद से मस्त होकर वह घंटों बैठा रहता। परंतु कल रात उसके साथ एक अद्भुत घटना घटी। रोते हुए उसने कहा, "मैं ध्यान में बैठा था महात्माजी, तो ऐसा प्रतीत हुआ कि रोशनी में लाल दुपट्टे वाली एक नौजवान लड़की खड़ी है। मैंने घबराकर आँखें खोल दीं। समझा, कुछ भूल हो गई है। फिर प्राणायाम किया, फिर ध्यान से ज्योति को देखा, परंतु वह लड़की अब भी वहीं थी। मैं उसे जानता नहीं, परंतु बार-बार मेरे सामने आकर खड़ी हो जाती है। मैंने बार-बार मुँह-हाथ धोकर प्राणायाम करने का प्रयत्न किया है, बार-बार उसे हटाने का प्रयत्न किया है, परंतु रोशनी में मुझे उसके अतिरिक्त कुछ दिखाई नहीं देता। मेरी तो उम्र भर की कमाई लुट गई। मैं तो कहीं का न रहा। पता नहीं मुझे क्या हो गया?" वह कहता जाता था और रोता जाता था।

स्वामीजी ने पूछा, "किसी बुरे व्यक्ति की संगत में तो नहीं बैठे? कोई बुरी पुस्तक तो नहीं पढ़ी?"

उसने कहा, "ऐसा कुछ नहीं किया मैंने।"

स्वामीजी ने कहा, "कल तुम आश्रम से बाहर तो गए होगे?"

वह बोला, "गया था, एक भंडारे में। एक सेठ साहब आए हैं। उन्होंने भंडारा किया था, वहाँ खाना खाने गया था।"

स्वामीजी ने कहा, "जाकर पता लगाओ, वह सेठ कौन है और उसने भंडारा क्यों किया था?"

वानप्रस्थी वहाँ गया। पता लगाकर उसने बताया कि सेठ एक शहर का रहने वाला है। वहाँ उसने अपनी नौजवान बेटी को एक बूढ़े के पास दस हजार रुपए में बेच दिया था। दो हजार रुपया लेकर वह हरिद्वार आया है कि पाप का प्रायश्चित्त करने के लिए भंडारा कर दे।

स्वामीजी ने इस बात को सुनकर कहा, "यही वह नौजवान लड़की है, जो तुम्हें दिखाई देती है। तुमने जो कुछ खाया, वह पुण्य भाव से दिया हुआ दान नहीं था; पाप की कमाई का एक भाग है, उस हतभाग्य लड़की का मूल्य। जब तक वह अन्न तुम्हारे शरीर से नहीं निकलेगा, तब तक उस दुःखी लड़की का दिखाई देना बंद न होगा। यह है पाप का अन्न खाने का परिणाम। इससे आत्मा की अवनति होती है, आगे बढ़ता हुआ मनुष्य पीछे लौटता है।"

❑

# जीने का ढंग

एक दिन स्वामीजी के एक शिष्य ने स्वामीजी से पूछा, "संसार में रहने का क्या ढंग है?"

स्वामीजी ने कहा, "अच्छा प्रश्न किया है तूने। एक-दो दिन में उत्तर देंगे।"

दूसरे दिन स्वामीजी के पास एक व्यक्ति कुछ फल और मिठाइयाँ लेकर आया। सब वस्तुएँ स्वामीजी के सामने रखकर उन्हें प्रणाम किया और उनके पास बैठ गया। स्वामीजी ने उस व्यक्ति से बात भी नहीं की। पीठ मोड़ी, सब-के-सब फल खा लिये। मिठाई भी खा ली। वह व्यक्ति सोचने लगा, 'यह विचित्र साधु है! वस्तुएँ तो सब खा गया, परंतु मैं ही तो सबकुछ लाया हूँ और मेरी ओर देखता भी नहीं।'

अंत में क्रुद्ध हो उठा और चला गया। उसके जाने के पश्चात् स्वामीजी ने शिष्य से पूछा, "क्यों भाई! क्या कहता था वह व्यक्ति?"

शिष्य ने कहा, "स्वामीजी, वह तो बहुत क्रुद्ध हो रहा था। कहता था, "मेरी वस्तुएँ तो खा लीं, मुझसे बोले भी नहीं।"

स्वामीजी बोले, "तो सुन! संसार में रहने का यह ढंग सही नहीं। कोई दूसरा ढंग सोचना चाहिए।"

थोड़ी देर पश्चात् एक दूसरा व्यक्ति आया। वह भी फल और मिठाइयाँ लेकर आया था। फल और मिठाइयों को स्वामीजी के सामने रखकर बैठ गया।

स्वामीजी ने फल और मिठाइयों को उठाया, साथ वाली गली में फेंक दिया और उस व्यक्ति से बड़े प्यार से बातें करने लगे, "कहो जी, क्या हाल है, परिवार में सब अच्छे तो हैं? कारोबार तो अच्छा चल रहा है? बच्चे ठीक हैं? पढ़ते हैं न? बहुत अच्छा करते हो, उन्हें खूब पढ़ाओ! तुम्हारा अपना स्वास्थ्य ठीक है न? मन तो प्रसन्न रहता है?

भगवान् का भजन तो करते हो? शरीर अच्छा हो, मन प्रसन्न हो और प्रभु-भजन में मन लगे तो फिर मनुष्य को चाहिए ही क्या?"

इस प्रकार की मीठी-मीठी बातें करते रहे और वह व्यक्ति मन-ही-मन कुढ़ता रहा, 'यह विचित्र साधु है। मुझसे तो मीठी-मीठी बातें करता है, मेरी वस्तुओं का इसने अपमान कर दिया; इस प्रकार फेंक दिया जैसे उसमें विष मिला हो।'

वह भी चला गया तो स्वामीजी ने शिष्य से पूछा, "क्यों भाई, यह तो प्रसन्न हो गया?"

शिष्य ने कहा, "नहीं स्वामीजी, यह तो पहले से भी ज्यादा क्रुद्ध था। कहता था—मेरी वस्तुओं का अपमान कर दिया।

स्वामीजी बोले, "तो सुन भाई, संसार में रहने का यह ढंग भी ठीक नहीं। अब कोई और विधि सोचनी होगी।"

तभी एक सज्जन वहाँ आए। वे भी फल और मिठाई लाए थे। स्वामीजी के समक्ष रखकर बैठ गए। स्वामीजी ने बहुत प्यार से उनके साथ बात की। उन वस्तुओं को आस-पास बैठे लोगों में बाँटा। कुछ मिठाई उस व्यक्ति को भी दी, कुछ स्वयं भी खाई। उसके घर-बार और परिवार की बातें करते रहे, उसे सुंदर कथाएँ सुनाते रहे। जब वह भी गया, तो स्वामीजी ने पूछा, "क्यों भाई, यह व्यक्ति क्या कहता था?"

शिष्य ने कहा, "यह तो बहुत प्रसन्न था महाराज। आपकी बहुत प्रशंसा कर रहा था। कहता था, 'ऐसे साधु से मिलकर चित्त प्रसन्न हो गया।'"

स्वामीजी बोले, "तो सुनो भाई, संसार में रहने का सही ढंग यही है। प्रभु ने जो कुछ दिया है, उसे बाँटकर खा, त्याग-भाव से भोग और इसके साथ-साथ भगवान् से प्यार भी कर। उससे बातें कर, उसके नाम का जाप कर। उसका ध्यान कर।"

❑

# सदा प्रसन्न रहो

अपनी यात्रा के दौरान एक बार स्वामीजी एक सज्जन के यहाँ ठहरे थे। श्रीमानजी दफ्तर गए हुए थे। दिन भर घर के अंदर हँसी के ठहाके गूँजते रहे। परंतु जैसे ही साढ़े चार बजे, वैसे ही एक बच्चे ने कहा, "अरे, पिताजी के आने का समय हो गया है।"

दूसरे ने कहा, "समय क्या, सामने सड़क पर तो आ रहे हैं वे।"

जल्दी से एक बच्चा सोफे के नीचे जा छुपा, एक पलंग के नीचे घुस गया, एक मेज के नीचे चला गया। हर ओर सन्नाटा छा गया। श्रीमानजी बड़े रोब से आए और सामने वाली कुरसी पर बैठ गए।

स्वामीजी ने पूछा, "तुम्हारे बच्चे तुमसे इतना क्यों डरते हैं? वह देखो, तुम्हें आता देखकर एक मेज के नीचे जा छुपा है। एक सोफे के पीछे दुबका पड़ा है। एक पलंग के नीचे घुस गया है।"

वे श्रीमानजी मुसकरा भी नहीं सके, बोले, "मैं घर में तनिक रोब से रहता हूँ। इससे घर का वातावरण शांत रहता है।"

स्वामीजी ने कहा, "तुम्हारा घर है या सेंट्रल जेल? यह क्या रोब जमा रखा है तुमने कि तुम आओ और बच्चों के प्राण सूख जाएँ। अरे, होना तो यह चाहिए कि तुम आओ, बच्चे चिपट जाएँ, कोई सिर पर चढ़ जाए और कोई हाथ पकड़ ले, कोई कंधे पर बैठे। ऐसा करने से तुम्हारा भी रक्त बढ़ेगा और बच्चों का भी। हमारे वेदों में भी कहा गया है—सदा प्रसन्न रहो। जो प्रसन्न नहीं रहता, उसे गृहस्थ आश्रम में प्रविष्ट होने का, उसमें रहने का कोई अधिकार नहीं।

**अपना कर्म करो**

एक दिन एक सेठ बहुत दुःखी भाव से स्वामीजी के पास आया और बोला, "स्वामीजी, मैं इस जीवन के झंझटों से, इसकी समस्याओं से, उलझनों से दुःखी हो गया हूँ। एक समस्या को हल करता हूँ तो

दूसरी आकर खड़ी हो जाती है, दूसरी को सुलझाता हूँ तो तीसरी। नित नई उलझन, नित नए झगड़े। मैं तो दुःखी हो गया हूँ इस जीवन से, क्या करूँ?"

स्वामीजी बोले, "सेठजी, ऐसी बात है तो छोड़ दो गृहस्थी को।"

सेठ ने कहा, "कैसे छोड़ूँ? गृहस्थी छोड़ देने से इसकी समस्याएँ तो सुलझ नहीं जाएँगी। सबकुछ तितर-बितर हो जाएगा।"

स्वामीजी ने कहा, "बहुत अच्छा, अपने पुत्र को अपना व्यापार सौंप दो। तुम मेरे पास आकर रहो। जैसे मैं रहता हूँ, वैसे ही निश्चिंत होकर रहो।"

सेठ ने कहा, "परंतु मेरा पुत्र तो अभी छोटा है, वह इस भार को सँभालेगा कैसे?"

स्वामीजी ने कहा, "बहुत अच्छा, तो फिर तू अपना व्यापार मुझे दे दो, मैं चलाऊँगा उसे।"

सेठ ने कहा, "यह मुझे स्वीकार है।"

स्वामीजी ने कहा, "तो हाथ में जल लेकर संकल्प करो। सारा व्यापार मुझे दान में दे दिया।"

सेठ ने ऐसा ही किया और उठकर चल पड़ा। स्वामीजी ने पूछा, "अब कहाँ जाते हो?"

सेठ बोला, "कुछ धन लेकर किसी दूसरे नगर में जाऊँगा। वहाँ अपना जीवन व्यतीत करूँगा।"

स्वामीजी ने हँसते हुए कहा, "व्यापार मुझे दे दिया तो धन भी मेरा ही हो गया। अब उस पर तेरा अधिकार क्या है?"

सेठ ने सिर झुकाकर कहा, "वास्तव में कोई अधिकार नहीं।"

स्वामीजी ने पूछा, "तो फिर करेगा क्या?"

सेठ बोला, "कहीं जाकर नौकरी करूँगा।"

स्वामीजी ने कहा, "यदि नौकरी ही करनी है तो मेरी ही कर ले। इतना बड़ा व्यापार है मेरे पास। उसे चलाने के लिए किसी-न-किसी को तो रखना ही पड़ेगा। तू ही यह काम कर। मुझे सेवक की आवश्यकता है, तुझे सेवा की। बोल, यह काम करेगा?"

सेठ ने सोचते हुए कहा, "करूँगा।"

स्वामीजी बोले, "तो जा, आज से मेरा सेवक बनकर व्यापार को चला। देख, वहाँ कुछ भी तेरा नहीं। भला हो, बुरा हो, हानि हो, लाभ हो, सब मेरा होगा। तुझे केवल वेतन मिलेगा।"

सेठ ने इस बात को स्वीकार कर लिया। वापस आकर व्यापार

चलाने लगा। कोई एक मास के बाद स्वामीजी ने आकर पूछा, "कहो भाई, अब इस व्यापार को चलाना कैसा लगता है? क्या अब भी दुःखी हो रहे हो? क्या अब भी जीवन संकटमय प्रतीत होता है?"

सेठ ने कहा, "नहीं महाराज, अब इसमें मेरा क्या है? मैं तो नौकरी करता हूँ, पूरे ध्यान से, परिश्रम से करता हूँ और फिर रात को निश्चिंत होकर सो जाता हूँ।"

"तो सुनो भाई, यह है वह साधन, जिसको अपनाने के पश्चात् मनुष्य कर्म करता हुआ भी उसमें लिप्त नहीं होता। अपने आपको स्वामी न समझो, सेवक समझो। यह सबकुछ तुम्हारा नहीं है। तुम केवल अपना कर्तव्य-पालन करने के लिए आए हो। उसे पूर्ण करो और चले जाओ।"

❑

# अपनी त्रुटियाँ देखो

एक दिन एक सज्जन रात के समय स्वामीजी को अपने घर ले गए। घर में जाकर बैठे ही थे कि बिजली चली गई। अँधेरा हो गया। अब वे सज्जन लगे सरकार को कोसने, "कैसी सरकार है यह। जब से इनका राज हुआ, तब से कोई कार्य ठीक प्रकार से नहीं होता। अब देखो, बिजली ही चली गई।"

स्वामीजी ने कहा, "सरकार को कोसने से कुछ नहीं बनेगा। आपके घर में कोई मोमबत्ती आदि होगी, उसे जला दीजिए, कार्य चल जाएगा।"

तब उन्होंने पुकारा, "ओ कुक्कू की माँ, दियासलाई तो ला। देख, मोमबत्ती कहाँ है?"

अब कुक्कू की माँ ने दियासलाई ढूँढ़नी आरंभ की। अँधेरे में इधर देखा, उधर देखा; कहीं भी उसे दियासलाई नहीं मिली। अंततः सिगरेट पीने वाले एक सज्जन से दियासलाई ली गई। मोमबत्ती की खोज आरंभ हुई। एक अलमारी में, उस अलमारी में, यहाँ-वहाँ। सलाइयाँ एक-एक करके घिसाई जा रही हैं, मोमबत्ती की खोज हो रही है, परंतु मोमबत्ती है कि मिलने का नाम ही नहीं लेती। दियासलाई वाले ने कहा, "तीलियाँ तनिक देखकर खर्च कीजिए, ऐसा न हो कि मोमबत्ती मिले तो डिबिया में तीलियाँ समाप्त हो जाएँ।"

इस भाग-दौड़ में बिजली आ गई। प्रकाश हो गया। वे सज्जन बैठे, फिर बोले, "सरकार का प्रबंध ही सारा खराब है। जिस विभाग को देखो, उसी में त्रुटि है। इन लोगों ने कितना समय नष्ट कर दिया।"

स्वामीजी ने यह आलोचना सुनी तो हँसते हुए कहा, "सरकार का प्रबंध तो अच्छा है या बुरा, परंतु तुम अपने घर का प्रबंध तो देखो। न दियासलाई रखने का ठिकाना, न मोमबत्ती रखने का स्थान और कोसा

जाता है सरकार को। सरकार क्या तुम्हारे घर का भी प्रबंध करेगी?"

यह है हमारा स्वभाव। देखनी चाहिए अपनी त्रुटि, पर हम दूसरों की त्रुटियों को ही देखते रहते हैं–

बुरा जो देखन मैं चला, बुरा न दीखा कोय।
मन जो अपना देखिया, मुझसे बुरा न कोय।।

❑

# बाँटकर खाओ

एक बार स्वामीजी एक सेठजी के पास दान लेने गए।

सेठ साहब ने कहा, "आप पहले मुझसे बात कर लीजिए। मेरे साथ खाना भी खाइए।"

स्वामीजी ने कहा, "बहुत अच्छा!"

स्वामीजी भोजन के समय उनके पास पहुँचे। भोजन तो ठीक था, परंतु सेठजी की थाली थी चाँदी की। उसमें एक कटोरा भी चाँदी का था। थाली में जापानी गुब्बारे के समान फूला एक फुलका पड़ा था। चाँदी के कटोरे में थोड़ा सा पीला पानी था। पता लगा कि सेठजी यही एक फुलका और पीला पानी खाएँगे। आश्चर्य के साथ स्वामीजी ने पूछा, "सेठजी, आप इतना ही खाते हैं?"

सेठजी बोले, "हाँ, इससे अधिक पचता नहीं।"

स्वामीजी ने कहा, "कोई मक्खन या दूध तो लेते ही होंगे प्रातः?"

सेठजी बोले, "राम-राम करो जी! मेरे छोटे भाई ने एक बार दूध पिया था, पेट में बादल जैसे गरजने लगे। तब से हमारे घर में कोई दूध नहीं पीता।"

स्वामीजी ने कहा, "लस्सी तो पीते होंगे आप?"

सेठजी बोले, "एक बार दो दिन लस्सी पी ली थी। महीना-भर जुकाम रहा, इसके बाद कभी नहीं पी।"

स्वामीजी ने कहा, "बादाम, पिस्ता, किशमिश तो खाते होंगे कभी?"

सेठजी बोले, "बादाम पचते नहीं। पिस्ता बहुत गरम होता है। किशमिश मैं जानता नहीं कि क्या होती है।"

स्वामीजी ने कहा, "फिर फल खा लिया करो।"

सेठजी बोले, "वे मेरे अनुकूल नहीं बैठते।"

स्वामीजी ने मन-ही-मन में कहा, 'फिर संखिया खाओ, वही तुम्हारे लिए रह गया है।'

यह है कम्युनिज्म का वास्तविक कारण। ये लोग न स्वयं खाते हैं, न दूसरों को खिला सकते हैं। यह नहीं करते कि स्वयं न खा सकें तो दूसरों को ही खिला दें। दुनिया में भूख न रहने दें, गरीबी न रहने दें। इनके गलत दृष्टिकोण से कम्युनिज्म पैदा होता है।

❑

# पहले मन को निर्मल करो

एक दिन स्वामीजी किसी घर में भिक्षा माँगने गए। घर की देवी ने भिक्षा दी और हाथ जोड़कर बोली, "स्वामीजी, कोई उपदेश दीजिए।"

स्वामीजी ने कहा, "आज नहीं, कल उपदेश दूँगा।"

देवी ने कहा, "तो कल भी यहीं से भिक्षा लीजिए।"

दूसरे दिन जब स्वामीजी भिक्षा लेने के लिए चलने लगे तो अपने कमंडलु में कुछ गोबर भर लिया, कुछ कूड़ा, कुछ कंकड़। कमंडलु लेकर देवी के घर पहुँचे। देवी ने उस दिन बहुत अच्छी खीर बनाई थी उनके लिए, उसमें बादाम और पिस्ते डाले थे। स्वामीजी ने आवाज दी, "ओम् तत् सत्!"

देवी खीर का कटोरा लेकर बाहर आई। स्वामीजी ने अपना कमंडलु आगे कर दिया। देवी उसमें खीर डालने लगी तो देखा कि उसमें गोबर और कूड़ा भरा पड़ा है! वह रुककर बोली, "स्वामीजी, यह कमंडलु तो गंदा है।"

स्वामीजी ने कहा, "हाँ, गंदा तो है। इसमें गोबर है, कूड़ा है, कंकड़ हैं, परंतु अब करना क्या है! खीर भी इसी में डाल दो।"

देवी ने कहा, "नहीं स्वामीजी, इसमें डालने से तो खराब हो जाएगी। मुझे दीजिए यह कमंडलु, मैं इसे साफ कर देती हूँ।"

स्वामीजी बोले, "अच्छा माँ, तब डालेगी खीर, जब कूड़ा-कंकड़ साफ हो जाएगा।"

देवी बोली, "हाँ।"

स्वामीजी बोले, "यही तो मेरा उपदेश है। मन में जब तक चिंताओं का कूड़ा-करकट और बुरे संस्कारों का गोबर भरा है, तब तक उपदेश

के अमृत का लाभ नहीं होगा। उपदेश का अमृत प्राप्त करना है तो इससे पूर्व मन को शुद्ध करना चाहिए। चिंताओं को दूर कर देना चाहिए, बुरे संस्कारों को समाप्त कर देना चाहिए। तभी वहाँ ईश्वर का नाम चमक सकता है और तभी सुख व आनंद की ज्योति जाग उठती है।"

❑

# इंद्रियों को वश में करो

एक दिन स्वामीजी ने एक व्यक्ति को टोकरी में रखकर नीबू बेचते हुए देखा। पीले रंग के रसभरे नीबू थे। मुख में पानी आ गया। जिह्वा ने कहा, 'क्रय कर लो, उनका स्वाद बहुत उत्तम है।'

स्वामीजी थोड़ी देर रुके, फिर आगे बढ़ गए। आगे जाकर जिह्वा फिर मचली; उसने कहा, 'नीबू अच्छे तो थे, नीबू खाने में हानि क्या है?'

स्वामीजी उलटे लौट आए, नींबुओं को देखा। वास्तव में वे बहुत उत्तम थे। उन्हें देखकर फिर घर की ओर चल पड़े। थोड़ी दूर गए तो जिह्वा फिर चिल्ला उठी, 'नीबू का रस तो बहुत अच्छा है। नीबू तो खाने की चीज है। उसे खाने में पाप क्या है?'

स्वामीजी पुनः नीबूवाले के पास आ गए। दो नीबू मोल ले लिये। घर पहुँचे। माँ से कहा, "चाकू लाओ।" माँ ने चाकू लाकर रख दिया। स्वामीजी चाकू को नीबू के पास और दोनों को अपने समक्ष रखकर बैठ गए। बैठे रहे, देखते रहे। अंदर से आवाज आई, 'इन्हें काटो, काटने में क्या हानि है?'

स्वामीजी ने चाकू उठाया और एक नीबू को काट दिया। मुख में पानी भर आया। अंदर से प्रेरणा हुई, 'इसे चखकर तो देखो, इसका रस बहुत उत्तम है।'

स्वामीजी ने एक टुकड़े को उठा लिया, जिह्वा के समीप ले गए। नीबू को उसके साथ लगने नहीं दिया। अंदर से किसी ने पुकारकर कहा, 'तू इस जिह्वा का दास है? जो यह जिह्वा कहेगी, वही करेगा? जिह्वा तेरी है, तू जिह्वा का नहीं।'

समीप खड़ी माँ ने कहा, 'विले, यह क्या करते हो? नीबू को लाए, इसे काटा, अब खाते क्यों नहीं?'

जिह्वा ने कहा, 'शीघ्रता करो। नीबू का स्वाद बहुत उत्तम है।'

स्वामीजी शीघ्रता से उठे। कटे और बिना कटे नीबुओं को उठाकर गली में फेंक दिया और प्रसन्नता से नाच उठे, "मैं जीत गया।"

उन्होंने अपनी इंद्रियों पर विजय प्राप्त कर ली थी।

❑

# शरीर एक अनमोल रत्न

एक समय भ्रमण करते हुए स्वामीजी एक उद्यान में पहुँचे। वहाँ एक फकीर रहता था, जिसके दोनों बाजू नहीं थे। उद्यान में मच्छर बहुत होते थे। स्वामीजी ने पूछा, "भाई, पैसे तो माँग लेते हो। लोग तुम्हारे इस प्याले को फेंक देते हैं; परंतु रोटी कैसे खाते हो?"

वह बोला, "जब पैसे इकट्ठे हो जाते हैं, शाम हो जाती है, तो वह जो सामने नानबाई की दुकान है न, उसको आवाज देता हूँ, 'ओ जुम्मा! आ जा, पैसे जमा हो गए हैं। इन्हें ले जाओ, मुझे रोटियाँ दे जाओ।' तब वह आता है, पैसे उठाकर ले जाता है, रोटियाँ दे जाता है।"

स्वामीजी ने कहा, "रोटी तो आ गई, परंतु आप खाते कैसे हो?"

वह बोला, "स्वयं तो मैं खा नहीं सकता। रोटी सामने पड़ी रहती है। तब मैं सड़क पर जाने वालों को आवाज देता हूँ—सामने जाने वालो! प्रभु करे तुम्हारे हाथ सदा स्थिर रहें। मुझ पर दया करो, तरस खाओ मुझ पर, मुझे रोटी खिला दो। मेरे हाथ नहीं हैं।' प्रत्येक व्यक्ति तो सुनता नहीं, परंतु किसी-किसी को दया आ जाती है। वह प्रभु का प्यारा मेरे पास आ बैठता है। अपने हाथ से ग्रास तोड़कर मेरे मुँह में डालता है और मैं खाता हूँ।"

उसकी आँखों में आँसू थे। स्वामीजी का दिल भर आया, फिर भी उन्होंने पूछा, "रोटी तो इस प्रकार खा लेते हो भाई, परंतु पानी कैसे पीते हो?"

वह बोला, "सामने घड़ा रखा है न? उसके पास जाता हूँ। बैठकर एक टाँग से इसको सहारा देता हूँ, दूसरी से इसके मुँह के नीचे प्याला करता हूँ और प्याले में पानी आ जाता है।"

स्वामीजी ने फिर पूछा, "पीते कैसे हो?"

वह बोला, "पशुओं की भाँति प्याले पर झुककर पीता हूँ।"

स्वामीजी बोले, "परंतु यहाँ मच्छर भी तो बहुत हैं। यदि माथे पर या शरीर पर मच्छर काटते हैं तो फिर क्या करते हो?"

वह बोला, "मच्छर तो सचमुच बहुत हैं। मेरा शरीर देखो, माथा देखो, सबको मच्छरों ने लहूलुहान कर रखा है। माथे पर कोई मच्छर चढ़ जाए तो माथे को जमीन पर रगड़ता हूँ और शरीर के दूसरे भाग पर चढ़ जाए तो पानी से निकली हुई मछली की भाँति भूमि पर लोटता हूँ, तड़पता हूँ।"

स्वामीजी सोचने लगे कि वास्तव में हमारा शरीर बहुत ही मूल्यवान है। हमें इसका पूरा ध्यान रखना चाहिए।

❑

# मोह-ममता की रस्सी

काशी में कुछ पंडित थे। जब एक पर्व समीप आया तो उन्होंने सोचा, "चलो, यह पर्व प्रयागराज में चलकर मनाएँ। वे एक बहुत बड़ी और अच्छी सी नाव में बैठ गए। सायंकाल का समय था, रात्रि होने वाली थी। अँधेरा बढ़ता जा रहा था। सबने सोचा, 'रात भर नौका चलाएँगे। प्रातः प्रयागराज में पहुँचकर स्नान करेंगे, पर्व मनाएँगे।' काशी के कुछ लोगों को भाँग बहुत प्यारी होती है। इसलिए नौका में भाँग का भी प्रबंध था। सब लोगों ने भाँग पी, गीत गाने लगे। कुछ लोग चप्पू चलाने लगे। खूब मस्ती के साथ वे गीत गा रहे थे, खूब जोश के साथ चप्पू चला रहे थे। पहले लोग थक जाते थे तो दूसरे लोग चप्पू चलाने लगते। बीच-बीच में भाँग भी पीते, मिठाई भी खाते, लगातार चप्पू भी चलाते। रात्रि हो गई, तारे निकल आए। वे चप्पू चलाते रहे, खूब मजे से गीत भी गाते रहे। प्रातःकाल का प्रकाश हुआ तो एक व्यक्ति ने कहा, "अब तो दिन निकलने वाला है। प्रयागराज आ गया होगा। तनिक उठकर देखो तो सही कि कहाँ तक पहुँचे हैं।"

तब एक व्यक्ति उठा। सामने वाले किनारे को देखकर बोला, "मुझे तो यह काशीजी का घाट प्रतीत होता है।"

दूसरे बहुत जोर से हँस पड़े; बोले, "प्रतीत होता है, भाँग अधिक पी गया है। इसे प्रयाग में भी काशी दिखाई देती है।"

एक पुरोहितजी थे। उनसे कहा गया, "आप उठकर देखो, पुरोहित जी! यह व्यक्ति तो भाँग के नशे में है।"

पुरोहितजी आँखें मलते हुए उठे। आँखें फाड़कर उन्होंने सामने देखा। धीमी सी आवाज में बोले, "शायद मैं भी नशे में हूँ। मुझे तो यह काशी का घाट प्रतीत होता है।"

सब लोग फिर हँस पड़े, "यह तो नशे में है। हम रात भर चलते

रहे और इसे अभी तक काशी दिखाई देती है। तुम उठो भाई! तुम देखो तनिक ध्यान से।"

तभी वहाँ विवेकानंद स्नान करने के लिए आ गए और उन पंडितों से बोले, "तुम सचमुच काशीजी के घाट पर ही हो।"

फिर एक-एक करके सबने देखा कि नाव उसी घाट पर खड़ी है, जहाँ पर वे सायंकाल नाव में बैठे थे। परंतु यह हुआ कैसे? रात भर वे चप्पू चलाते रहे, फिर नाव जहाँ की तहाँ किस प्रकार खड़ी रही थी?

तब स्वामीजी बोले, "अरे, देखो, जिस कील के साथ नाव की रस्सी बँधी थी, अब भी उसके साथ बँधी है। भाँग के नशे में तुम लोग रस्सी को खोलना ही भूल गए। अरे ओ चप्पू चलाने वालो, इस रस्सी को तो खोलो। मोह और ममता की राग और लगाव की यह रस्सी से तुमने अपनी नाव बाँध रखी है, उसे खोले बिना, उससे छुटकारा पाए बिना, तुम्हारे चप्पू चलाने पर भी यह नौका गंतव्य तक पहुँचेगी नहीं।"

❑

# अंतिम यात्रा

4 जुलाई, 1902 को स्वामीजी आश्चर्यजनक रूप से स्वस्थ नजर आने लगे। सुबह-सवेरे उठकर उन्होंने सबके साथ खुशी-खुशी बातें कीं और अतीत के संस्मरण सुनाए। उन्होंने बाहर से आए लोगों से बातें कीं और उनके साथ चाय भी पी।

अचानक स्वामीजी उठे और ठाकुर-घर के भीतर जाकर दरवाजे व खिड़कियाँ बंद कर लीं। यह देखकर सबको बहुत आश्चर्य हुआ, क्योंकि स्वामीजी ने कभी ऐसा नहीं किया था।

लगातार तीन घंटे तक ठाकुर-घर में बंद रहने के बाद स्वामीजी आनंदित होते हुए बाहर आ गए और आँगन में टहलते हुए 'मन चल निज निकेतन' गुनगुनाने लगे।

रात होने पर वह अपने कमरे में जाकर लेट गए। स्वामीजी की अस्वस्थता के कारण उनकी सेवा में एक ब्रह्मचारी नियुक्त था। रात्रि के नौ बजे उसे स्वामीजी के कराहने का स्वर सुनाई दिया। उसने देखा, स्वामीजी लंबी-लंबी साँसें ले रहे हैं। ब्रह्मचारी के देखते-ही-देखते स्वामीजी की साँसें रुक गईं और उनका सिर एक ओर लुढ़क गया।

इस प्रकार स्वामी विवेकानंदजी की दिव्य आत्मा अपने ज्ञानरूपी सूर्य के प्रकाश से विश्व को प्रकाशित कर परमात्मा में विलीन हो गई। स्वामीजी संसार से चले गए, किंतु उनके उपदेश, शिक्षा तथा उनके द्वारा जलाई गई ज्ञान की ज्योति आज भी प्रज्वलित है।

❑❑❑